El PÉNDULO

Todo acerca de él

Jared O'Keefe

El Péndulo

Todo acerca de él

Grupo Editorial Tomo, S.A. de C.V.
Nicolás San Juan 1043
C.P. 03100, México, D.F.

1.ª edición, noviembre 2001.
2.ª edición, diciembre 2002.
3.ª edición, junio 2006.
4.ª edición, noviembre 2007.
5.ª edición, agosto 2009.
6.ª edición, agosto 2013.
7.ª edición, enero 2017.
8.ª edición, octubre 2018.

Astrolog Publishing House
P.O. Box 1123, Hod Hasharon 45111, Israel
Tel. 972-9-7412044
E-mail: info@astrolog.co.il
www.astrolog.co.il

Nicolás San Juan 1043, Col. Del Valle
03100, Ciudad de México.
Tels. 5575-6615, 5575-8701 y 5575-0186
Fax. 5575-6695
www.grupotomo.com.mx
ISBN: 970-666-439-4
Miembro de la Cámara Nacional
de la Industria Editorial N.° 2961

Traducción: Ivonne Saíd Marínez
Diseño de portada: Trilce Romero.
Supervisor de producción: Leonardo Figueroa

Impreso en México - *Printed in Mexico*

La búsqueda con péndulos y varitas de zahorí produce movimiento en los terrenos físicos y espirituales. El péndulo se utiliza para conocer la ubicación de materia práctica tal como el paradero de agua, aceite, etc., y de cosas abstractas como las energías de la Tierra y la predicción del futuro. La varita de zahorí responde a las vibraciones que están a nuestro alrededor, dándonos respuestas y guía espiritual. Este libro nos enseña a aplicar dichos métodos en nuestro beneficio y a entrar a una nueva era espiritual.

Jared O'Keefe empezó a interesarse en la búsqueda cuando, siendo niño, vio un zahorí trabajando. O'Keefe usa péndulos y varas de zahorí para predecir el futuro de manera profesional.

Índice

1

¿Qué es el péndulo?

El péndulo es un objeto ligero suspendido de una cuerda que se sostiene entre los dedos índice y pulgar. El movimiento del objeto indica energía positiva o negativa.

Las características de este artículo simple son sorprendentes y poco comunes. Mide nuestra energía interna y externa y su uso obedece a diferentes propósitos. La sensibilidad y precisión del péndulo lo convierten en una herramienta multifuncional en todos los campos de la vida, desde el descubrimiento de depósitos minerales hasta diagnósticos médicos.

Al uso del péndulo se le llama *radiestesia* (sensibilidad a la radiación) y se sabe que se ha difundido en todo el mundo desde hace cientos de años; de hecho, algunas personas lo conocieron hace miles de años. En este libro se describen una gran variedad de métodos y usos del péndulo que abarcan todas las áreas de la vida. Usarlo es muy simple y con un poco de práctica y esfuerzo se logran resultados sorprendentes y de largo alcance.

La historia del péndulo

No se conoce a ciencia cierta la época en que empezó a utilizarse el péndulo. Lo que sí se sabe es que se trata de una refinada varita de zahorí, también conocida como varilla de zahorí, impresa en las pinturas primitivas que datan del año 6000 A.C. descubiertas en una cueva en el Desierto del Sahara. Egipcios, chinos, griegos y romanos estaban familiarizados con los métodos de uso de la varita de zahorí.

No es muy clara la fecha en la que ésta se convirtió en péndulo, el cual funciona con principios similares; pero sí se sabe que al inicio del siglo XX su uso se volvió común y familiar. Bouly, un sacerdote francés de la provincia de Haderlot, acuñó el término *radiestesia* para describir el uso del péndulo. Este término está compuesto por la palabra en latín *radius* que significa "radiación" y la palabra griega *esthæsis* que significa "sensibilidad".

Después de la Primera Guerra Mundial, el uso del péndulo se expandió ampliamente cuando Bouly y otro sacerdote, Mermet, prepararon una serie de congresos para incrementar la difusión de la investigación científica sobre los múltiples usos del péndulo, poniendo gran énfasis en sus usos medicinales. Mermet, quien dedicó mucho tiempo a la investigación del péndulo y lo utilizó para ayudar a varias personas, es conocido en todo el mundo como el más famoso experto en péndulos que jamás haya existido. Sus campos de actividad abarcaron diversas áreas, desde encontrar niños extraviados hasta ayudar al Vaticano a resolver enigmas arqueológicos.

En Estados Unidos, el uso del péndulo floreció tras la publicación de un libro por parte de un médico inglés, el Dr. Albert Abrams, en 1922, en el que lo describe básicamente para propósitos médicos, terapéuticos y de diagnóstico.

Andre Bovis de Francia, descubrió poderes adicionales del péndulo cuando buscaba técnicas para usarlo en la medición de la frescura y calidad de los alimentos.

En 1947, a Bruce Copen, fabricante y mercader de péndulos, se le ocurrió algo maravilloso: Declaró que el noventa por ciento de la gente en el mundo tiene la capacidad de usar el péndulo en su vida diaria. Dijo que si la mitad de ese número de personas explotaba su capacidad y practicaba el uso del péndulo, podría utilizarlo con propósitos científicos y de investigación.

El investigador más famoso y reconocido que exploró profundamente el uso y las posibilidades del péndulo fue el ganador del Premio Nobel, el Dr. Alexis Carrel. Hace aproximadamente 50 años, mientras realizaba una investigación en el conocido Instituto Rockefeller, en Nueva York, el Dr. Carrel descubrió la importante capacidad de la radiestesia para cambiar al mundo entero. Expresó su opinión científica de manera inequívoca.

El fisiólogo debe investigar y descubrir las características personales de cada uno de los pacientes, así como su contribución a la enfermedad, su sensibilidad al dolor, el estado general de sus funciones físicas, su pasado y su futuro.

El fisiólogo debe conservar una mente abierta y liberarse de cualquier idea preconcebida resultado de anticuados métodos de investigación. Por lo tanto, debe tener presente que la radiestesia merece una seria atención.

Y por supuesto, Francia es uno de los lugares en donde el uso del péndulo es más común, hace poco se informó que, en ese país, cerca de 7,500 fisiólogos reconocidos utilizan el péndulo diariamente con propósitos de diagnóstico y terapéuticos.

Con el uso diario, el poder del péndulo otorga información precisa y rápida que puede llevarnos a tener una vida satisfactoria, más sana y más sencilla. En cualquier campo que se le ocurra, encontrará una razón para usar el péndulo, pues aminora las dificultades de la vida diaria. En los negocios, el amor, el arte, la salud, el hogar y el desarrollo espiritual, el péndulo es una herramienta extremadamente útil, fácil de usar y produce rápidos resultados.

2

¿Cómo funcionan el péndulo y la varita de zahorí?

Hasta ahora, se han propuesto muchas teorías sobre el funcionamiento del péndulo y de la varita de zahorí. En mi opinión, igual que cuando se trata de definir nuestro ser, existen explicaciones en el ámbito físico, emocional, espiritual, electromagnético, bioquímico y muchos otros niveles que en esencia dicen lo mismo pero con diferentes palabras; por eso, varios expertos en péndulos y radiestesia así como buscadores (personas que utilizan el péndulo y la varita de zahorí) también conocen las razones por las que trabaja en varios niveles de comprensión y conciencia.

Hay quienes sugieren que el péndulo funciona como un radar, pues localiza energías e informa al usuario su ubicación. Esta explicación tiene sentido si la relacionamos con el comportamiento de la varita de zahorí o del péndulo sobre depósitos minerales o fuentes de agua cuando la persona recurre a la técnica de pararse cerca o sobre el lugar, por ejemplo. Igual que un radar de verdad, el buscador envía una señal y ésta vibra a través del péndulo o de la varita de zahorí.

Otros creen que el objeto mismo manda la señal que vibra en el péndulo o la varita de zahorí cuando la persona que está buscándolo se para sobre el objetivo. Estas teorías explican la actividad del campo de búsqueda utilizando el péndulo o la varita de zahorí, búsquedas que se realizan con el fin de encontrar fuentes de agua, vetas de minerales, tuberías de metal bajo tierra, minerales y otros objetos enterrados.

Pero estas teorías no explican las demás capacidades de estos artículos, tales como el envío de mensajes telepáticos, la interpretación del carácter de una persona a través de una fotografía, de asuntos románticos, etc., cuando el objetivo no está presente o es intangible.

La teoría del holograma explica por qué el péndulo funciona para proporcionar información afirmativa (sí) o negativa (no), cuando la búsqueda se lleva a cabo sobre un mapa, así como otros usos en los que no existe objetivo físico. Un holograma es una fotografía que en realidad es bidimensional, pero logra que las imágenes sean tridimensionales. La sorprendente singularidad de un holograma reside en el hecho de que, por ejemplo, si le cortamos un pedazo al negativo de una pelota, tendremos una pelota incompleta o una imagen de ésta con imperfecciones. Sin embargo, si al negativo del holograma de una pelota se le corta un pedazo, al pasar un rayo láser a través de la parte cortada se verá la pelota completa. Según este concepto, el todo está contenido en la parte.

Así, la idea del holograma u holística, fue concebida clamando que todos y cada uno de nosotros somos parte de un grande y perfecto todo en el que está contenido el universo entero y éste se refleja dentro de nosotros. Por lo tanto, no importa que busquemos respuestas o datos sobre algo que no está físicamente cerca de nosotros, pues la información se encuentra en nuestro ser porque somos parte del holograma cósmico que contiene una fotografía de todo el universo, y utilizando el péndulo llevamos dicha información a niveles de mayor conciencia.

El concepto del holograma contiene paralelismos místicos y ocultos, los cuales sostienen que las almas humanas, incluyendo las que han reencarnado en animales, plantas y materia inorgánica así como el alma de varias partes del universo, constituyen un solo todo. De acuerdo con estos conceptos, el vecino, el gato que está en el patio, el suelo que pisamos y la botella que sostiene en la mano, están interconectados en virtud de que son aspectos y partes de un todo y estarán relacionados eternamente. Estos antiguos conceptos se validaron cuando se descubrió la teoría del átomo y la del cuanto. El famoso mandamiento bíblico "amarás a tu prójimo como a ti mismo" demuestra su profundidad y gloria a la luz de estos descubrimientos neoantiguos.

Una teoría adicional, que no contradice las antes mencionadas, sino que más bien concuerda con ellas a la perfección, explica que la varita de zahorí y el péndulo funcionan en presencia de campos electromagnéticos. Todos los objetos u organismos del universo están cubiertos con un campo electromagnético único, el cual puede ser positivo o negativo, perfecto o imperfecto.

Los organismos del universo viven en un estado continuo de concesiones llenas de energía entre diferentes campos y deben conservar sus propios campos electromagnéticos para evitar los daños producidos por aquellos que son negativos o consumidores de energía. Numerosos estudios han demostrado cómo las plantas, por ejemplo, se marchitan cuando hay energía negativa u hostil cerca de sus campos electromagnéticos. De igual manera, los humanos somos propensos a sentir la energía negativa de algunos lugares o la que emana de diferentes personas u objetos. Con seguridad ha vivido situaciones en las que por razones no obvias o intangibles, entra a una habitación y experimenta inquietud o desagrado, o después de hablar con alguien se siente cansado y sin energía sin poder explicar el motivo. La parte de su ser que percibe esas energías envía un mensaje al sistema nervioso e influye en su sentir general con la intención de que se aleje de esa persona o lugar cuyas energías lo dañan o afectan de alguna manera. Todos tenemos la capacidad de detectar campos electromagnéticos e incluso ver varios niveles de los mismos, los cuales reciben el nombre de aura, si insistimos en desarrollar dicha habilidad.

El sistema nervioso, que recibe constantemente estas transmisiones llenas de energía, nos permite recibir la información que deseamos. Las personas que son muy sensibles a la recepción de energía, no necesitan buscar respuestas —para ellas es suficiente con pensar en la pregunta y la respuesta surge por sí misma, puesto que siempre se encuentra al alcance del sistema nervioso que es quien recibe los campos electromagnéticos cósmicos. Pero para llegar a este nivel de sensibilidad en la recepción se requiere de mucha práctica o de un don innato, no obstante cualquiera puede lograrlo, por lo tanto necesitamos asistencia para descifrar los mensajes que el sistema nervioso nos envía. Y éste es, en esencia, el papel del péndulo y de la varita de zahorí.

Así, no es el péndulo ni la varita de zahorí quien proporciona la información, sino el Yo Supremo de cada persona que recupera la información del subconsciente y la lleva a la superficie, el consciente, con la ayuda de estos elementos. En otras palabras, lo que sucede cuando la persona que usa estas herramientas las coloca sobre un objeto o persona determinados, es que mide la interacción realizada entre un campo electromagnético determinado y su sistema nervioso. Sin embargo, dicha interacción no tiene restricciones de tiempo ni de espacio.

Es el mismo caso que cuando experimentamos sensaciones similares en fuerza debido a determinado incidente tan sólo al recordarlo o concentrarnos en él (por ejemplo, como cuando algunas personas recuerdan antiguas peleas y discusiones y las reviven), de esta manera sentimos energías que están a gran distancia física de nosotros. Así es como funcionan varios métodos de interpretación utilizando el péndulo, incluso a la distancia. Algunas personas dicen que el subconsciente recoge la información y la procesa, mientras que otras sostienen que es el superconsciente o el Yo Supremo quien recibe dichas transmisiones.

Hay otra teoría que explica la teleradiestesia (búsqueda de objetos a distancia) y afirma que el consciente emplea cierta clase de ondas receptoras y transmisoras (parecidas a las del radio o la televisión). Una persona bien capacitada puede dirigir con energía su conciencia hacia un objeto, persona o idea determinadas y sintonizar su frecuencia única, algo así como sintonizar un radio. Cada frecuencia cuenta con velocidad y resonancia propias y cuando se logra la sintonía, las neuronas empiezan a resonar en respuesta a la frecuencia recibida. Tal resonancia tiene su propia velocidad de frecuencia y longitud de onda que proporcionan forma, propiedad, color, etc., haciéndola única. El sistema nervioso transmite esta propiedad y origina un movimiento que se refleja en el péndulo o la varita de zahorí.

Similar al ejemplo de un aparato televisor o de radio, cuya recepción o transmisión se afecta cuando hay cualquier clase de interferencia como una tormenta, rayos, etc., así también la capacidad de recepción de los seres humanos se altera cuando hay lluvia de pensamientos o emociones.

Puede notarse que las teorías relacionadas con el funcionamiento de los péndulos y las varitas de zahorí son numerosas, pero todas dicen ayudar al intelecto a entender los fenómenos que están más allá de la comprensión. La lógica se construye a partir de patrones de pensamiento que nosotros mismos creamos y de esta manera, sólo cuentan con la habilidad parcial para entender la realidad. Hoy se sabe que la razón, la mente y el intelecto son capaces de comprender sólo una pequeña parte de los fenómenos presentes en la naturaleza y el universo. Por lo tanto, en el análisis final, no importa cuáles sean las explicaciones sobre el mecanismo del péndulo y de la varita de zahorí, sino que su funcionamiento es sorprendente y continuamente nos dejan atónitos ante sus maravillosas capacidades en todos los ámbitos de la vida.

3

Cómo usar el péndulo: Métodos para afinar y usar el péndulo

Debemos recordar que el péndulo, por naturaleza, es un objeto que recibe resonancias, retumbos o radiación casi imperceptibles para la persona a través de los cinco sentidos pero no por medio de la clarividencia, que se utiliza para predecir el futuro, y el péndulo responde a la radiación y a las resonancias en movimiento. Debido a que las radiaciones son diferentes y únicas, el péndulo reacciona de manera peculiar a cada una de ellas. En otras palabras, replica con un movimiento determinado a la radiación de una persona y con otro a la de alguien más. Obvio, el número de respuestas es limitado, no obstante existen alrededor de doscientos movimientos pendulares diferentes.

Se recurre ampliamente al uso del péndulo para predecir el futuro o, explicado de otra manera, para indicar la solución o la dirección correcta hacia la resolución de un problema. Esto no tiene nada de malo siempre y cuando sea el resultado de intenciones puras; además, un péndulo bien afinado por una persona capacitada puede negarse a dar respuesta a una pregunta sobre el futuro por el bien de la misma. Por ejemplo, la respuesta negativa a la pregunta: "¿Voy a casarme con Pedro?", podría poner fin a una relación que aún no debe terminar. En este caso el péndulo no contesta, incluso aunque se haga en repetidas ocasiones. Pero cuando el péndulo cae en manos de charlatanes, que no dominan el arte, es peligroso porque la gente tiende a creer y comportarse según el consejo del péndulo. Por supuesto, el mal uso del mismo distorsiona o falsifica sus respuestas.

La persona que utiliza el péndulo, o quien hace las preguntas, debe recordar que éste es parte de su usuario. Para que el péndulo indique la dirección correcta y reciba la energía adecuada, la conciencia de la persona que está utilizándolo y de quien hace las preguntas debe ser pura, estar libre de obstáculos y lejos de influencias.

Permítame explicarle. Cuando determinado método de predicción reside en las manos del adivinador, éste obtiene la respuesta deseada desde el principio. Cuando una joven deshoja los pétalos de una margarita repitiendo: "Me quiere, no me quiere", siempre encontrará la manera de obtener la revelación deseada, según lo que haya anticipado o esperado desde el principio.

Esto significa que así como el péndulo recurre al conocimiento absoluto que se encuentra dentro de nosotros para responder correctamente a las preguntas a través de su conexión con la fuente absoluta de conocimiento universal, también nuestra alma, que cuenta con fuerte energía propia, transmite la información deseada, aunque sea incorrecta, a través de sus vibraciones y por lo tanto afecta los movimientos del péndulo.

En tal caso, el uso del péndulo no vale la pena. Para recibir respuestas correctas y completas, su movimiento no debe desviarse con ideas malsanas o distorsionadas. Por desgracia, las personas que ignoran esta regla básica y fundamental con frecuencia son quienes utilizan el péndulo.

En principio, toda la gente es capaz de manejar y usar un péndulo, con la condición de que se trate de una persona sensible al cosmos en el que vive, de mente abierta, con paz interior, con mente y cuerpos en armonía y con la habilidad de alejar todas las ideas de su cabeza, igual que en el caso de una relajación profunda. En otras palabras, hay muy poca gente incapaz de utilizar el péndulo. Obviamente, su uso requiere de paciencia y del minucioso estudio de los principios del movimiento del péndulo.

La primera etapa es para que la persona pruebe si puede "unirse" al péndulo. Con este propósito, es necesario llevar a cabo el siguiente experimento:

Coloque una mesa larga en medio de una habitación tranquila, protegida contra el ruido. Ponga el péndulo sobre la mesa, el cual puede adquirir en muchas tiendas o confeccionarlo usted mismo.

Logre un estado de tranquilidad a través de la relajación profunda, equilibrando su respiración o eliminando las ideas de su mente, lo que prefiera. Relaje los músculos, en particular los de brazos, hombros y nuca.

Tome el péndulo con la mano dominante (la izquierda en el caso de las personas zurdas) y sostenga la cuerda entre los dedos pulgar e índice, con la muñeca completamente relajada.

Con la otra mano tome el péndulo para que no se mueva, colocándolo veinte centímetros bajo la palma de la mano dominante. Ahora concéntrese en sus pensamientos.

Lo primero que debe hacer es verificar la dirección del movimiento del péndulo cuando la respuesta es afirmativa ("sí") o negativa ("no"). Piense en la pregunta: "¿Para dónde es 'sí'?" y el péndulo empezará a moverse. Fíjese en la dirección del movimiento y espere a que se detenga. Agárrelo para que no se mueva y pregunte: "¿Para dónde es 'no'?". El movimiento del péndulo será en dirección contraria a la de "sí".

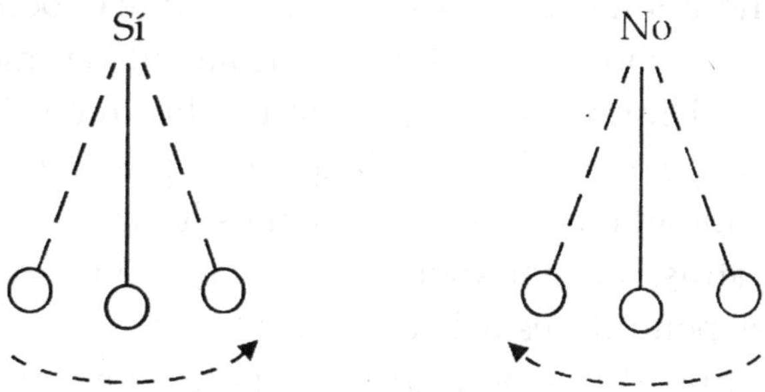

Si tienen lugar dos movimientos opuestos, usted puede manejar el péndulo.

Encuentre la "posición de búsqueda"

La posición de búsqueda es aquélla a partir de la cual el usuario del péndulo empieza con la interpretación o búsqueda. Esta posición ayuda a que la persona se conecte y sintonice con el péndulo y reciba permiso para utilizarlo con un propósito determinado. Esta posición es individual y puede ser un estado de completa inmovilidad por parte del péndulo o un movimiento hacia adelante y hacia atrás. Para encontrar la posición de búsqueda haga lo siguiente:

Siéntese en una silla cómoda, no cruce las piernas ni los brazos. En otras palabras, colóquese en una posición abierta. Sostenga la cuerda del péndulo entre los dedos. Obsérvelo como si esperara ver algún movimiento. Asegúrese de que las yemas de los dedos que sostienen la cuerda apunten hacia abajo.

Ahora tome la cuerda de manera que el péndulo se ubique sobre las rodillas, exactamente en medio. Pídale: "Dime cuál es la posición de búsqueda". Observe al péndulo. Es posible que esta posición sea la inmovilidad o ligeros movimientos hacia adelante y hacia atrás. En cualquier caso, las posiciones indican que el péndulo está listo para recibir y responder preguntas. Si el péndulo presenta movimientos circulares muy grandes adelante y atrás, tome otra posición.

Métodos para afinar el péndulo

Después de conectarse con el péndulo y encontrar la posición de búsqueda, deberá afinarlo para que usted reconozca las señales "sí" y "no". Hay muchos métodos diferentes y cada persona, de acuerdo con sus sentimientos, elegirá una forma en particular para afinar su péndulo. A continuación se describen algunos métodos probados.

1. *Autoafinación del péndulo con el poder de la mente*

Este método requiere de una poderosa habilidad de concentración en el poder de la mente y su transmisión a objetos inanimados. Aunque es necesario contar con cierta experiencia para trabajar con el poder de la mente, la gente sin experiencia también puede hacerlo; así que vale la pena intentarlo.

Cuando sienta que se "conectó" con el péndulo que sostiene en la mano y que está relajado, libre de ideas y en equilibrio, afine el péndulo de acuerdo con los códigos que usted determine. Siéntese al lado de una mesa vacía en una habitación en paz con un ambiente tranquilo. No cruce los brazos ni las piernas. Sostenga el péndulo con una mano y con la otra inmovilícelo con cuidado.

Conéctese a él y concentre sus pensamientos en él, mandándole su mensaje tranquila y cariñosamente, según su sentimiento interno. Por ejemplo, un movimiento circular en el sentido de las manecillas del reloj significa "sí" (respuesta positiva), en sentido contrario es "no" (respuesta negativa). En la afinación, cuando la persona ya cuenta con experiencia en trabajo espiritual y con una buena capacidad intuitiva para conectarse con el péndulo, decidirá los movimientos que realizará el péndulo para indicar una respuesta determinada. Se sorprenderá al descubrir que éste (los de cuarzo son excepcionalmente buenos en estos casos) de manera automática se moverá como usted lo dispuso en el instante en el que lo pensó. De esta manera, deberá decidir con claridad sus movimientos para responder "sí" o "no" y no confundir al péndulo. Si éste se mueve como usted quiere, es una señal de que existe conexión entre el operador y la herramienta y está listo para servirle, por supuesto para propósitos positivos y puros.

2. *Afine el péndulo observando sus movimientos*

En este método, es el péndulo el que indica los movimientos para "sí" y "no". Algunas personas prefieren este procedimiento pues el objetivo del operador permite al péndulo determinar su movimiento. Este sistema se aplica exactamente en la misma forma en la que probó su habilidad para conectarse con el péndulo. Después de eliminar sus pensamientos y emociones, relaje los músculos e inhale varias veces de manera profunda, tome el péndulo y pregúntele "¿Cómo se mueve el péndulo para responder 'no'?" Es importante que los movimientos obtenidos sean claros y suaves.

Si por cualquier motivo siente que el péndulo no le responde, es porque quizá usted esté cansado o mal concentrado. Descanse un momento y vuelva a intentarlo cuando esté fresco y más atento.

Después de verificar los movimientos del péndulo viene la segunda etapa, que es anotar claramente en una hoja de papel lo que éstos significan. Además de aclarar los pensamientos al escribirlos, el subconsciente absorbe mejor las cosas y estos símbolos se convertirán en señales que reconocerán usted y el péndulo. Esto es lo que debe escribir:

Las reglas del movimiento del péndulo:

a. Movimiento circular contrario a las manecillas del reloj significa......
(positivo/negativo)

b. Movimiento circular en el sentido de las manecillas del reloj significa......
(positivo/negativo)

Además de los movimientos cuya importancia usted haya determinado, el péndulo lleva a cabo actividad adicional.

Cuando el movimiento es elíptico, es decir que no es del todo circular, su significado es similar al del circular ("a" o "b"), pero la respuesta es más débil.

El movimiento lineal norte-sur o sur-norte, cuando no se trata de la posición de búsqueda, es una respuesta negativa.

Para máxima precisión, el significado de este movimiento debe verificarse con el péndulo, es decir, pregúntele si quiere decir "no". Durante la afinación consciente, algunas personas programan al péndulo para que se mueva de esta manera cuando se trate de "tal vez no" o "quizá", o sea un "sí" o "no" débiles: posibilidad.

La actividad diagonal confusa que no se define con claridad es prueba de que hay alteraciones en la radiación, una interferencia. Después de tomar un descanso, repita la pregunta.

Si el péndulo se detiene o tensa en dirección irregular, quiere decir que la radiación está alterada. Entonces deberá detenerse por un periodo de tiempo más largo que en el caso del movimiento diagonal confuso. A veces esta reacción significa que la pregunta no se hizo correctamente o no debería hacerse, o que en esta etapa no puede responderse. Después de aprender las reglas para trabajar con el péndulo y actuar como corresponde, evitará las situaciones en las que el péndulo reaccione como resultado de una pregunta inoportuna.

Como regla general, debe tener cuidado con los movimientos circulares y tratar de distinguir entre "sí" y "no", pues difiere de persona a persona y de péndulo a péndulo, aunque sea operado por el mismo individuo.

Hágale una pregunta e interprete la respuesta del péndulo de acuerdo con los movimientos para "sí" y "no". Recuerde que las direcciones de la respuesta cambian de una persona a otra, pero siempre son movimientos circulares y en sentidos contrarios para respuestas afirmativas y negativas.

Nota: La mayoría de los hombres descubrirán que el movimiento del péndulo en sentido contrario a las manecillas del reloj es una respuesta afirmativa y en sentido de las manecillas es negativa. Por lo general, en el caso de las mujeres será al revés, en el sentido de las manecillas del reloj es afirmativa y al contrario es negativa. Por lo tanto, las reglas de las direcciones deben ajustarse según la prueba que usted haya realizado.

3. *Programe el péndulo a través del subconsciente*

El péndulo es un método de comunicación entre el consciente y el subconsciente. Este último no actúa por su cuenta, pues sólo lo hace de acuerdo con las sugerencias que recibe del exterior y en este caso se trata del consciente del operador. Éste debe "enseñar" a su subconsciente cuáles son las señales o los movimientos que indican "sí", "no" y "tal vez". El subconsciente debe memorizarlas en ese orden para establecer una comunicación adecuada.

El método de afinar el péndulo programándolo a través del subconsciente es magnífico, pues además de que la afinación es exacta e inequívoca, también mejora la comunicación entre la persona y el instrumento (el péndulo) y le ofrece un buen entrenamiento para darle un uso incluso más elevado y complejo. Este método es en realidad una combinación armoniosa y eficaz de los dos métodos descritos anteriormente.

Tome una hoja de papel blanca y dibuje los siguientes símbolos: una flecha vertical, una horizontal, un semicírculo en el sentido de las manecillas del reloj y otro en sentido contrario a ellas.

Coloque el péndulo sobre la flecha vertical. La cuerda debe medir 7.5 cms. de largo al principio. Recuerde que no existe un largo "correcto" para la cuerda del péndulo. Poco a poco sentirá y elegirá el largo adecuado para usted. Cuando coloque el péndulo, se quedará quieto o se moverá al azar sobre el dibujo de la flecha.

Ahora véalo. Con el poder de la mente, haga que el péndulo suba y baje siguiendo la dirección de la flecha. No lo mueva con la mano o los dedos, sino únicamente con la mente.

Ponga el péndulo sobre la flecha horizontal. Una vez más, véalo y recurra al poder de la mente para que siga la flecha creando un movimiento horizontal.

Repita el procedimiento, sostenga el péndulo sobre el semicírculo en sentido de las manecillas del reloj y con el poder de la mente haga que se mueva siguiendc la dirección del círculo.

Haga lo mismo con el otro semicírculo.

Cuando sienta segura su capacidad para mover el péndulo con el poder de la mente, continúe con el siguiente paso: Haga que el péndulo se mueva suavemente en el sentido de las manecillas del reloj en forma circular sosteniéndolo sobre el semicírculo. Mientras el péndulo esté haciendo los círculos, hable en voz alta a su subconsciente, llamándolo por su nombre, y dígale: "Cuando haga una pregunta y la respuesta sea 'sí', haz que el péndulo se mueva en el sentido de las manecillas del reloj, en la misma dirección que está haciéndolo ahora". O repita: "Este movimiento significa 'sí'". El tono de voz debe ser tranquilo, seguro y autoritario para que el subconsciente obedezca al consciente al pie de la letra.

Ahora coloque el péndulo sobre el semicírculo que va en sentido contrario a las manecillas del reloj y use el poder de la mente para que siga la dirección del semicírculo. En el momento en que esté dando vueltas en círculo, diga a su subconsciente: "Cuando haga una pregunta y la respuesta sea 'no', haz que el péndulo se mueva en la misma dirección que lo hace ahora, en sentido contrario a las manecillas del reloj". O repita: "Este movimiento significa 'no'".

Repita la programación una vez al día durante una semana. De esta manera estará seguro de que el subconsciente asimiló por completo sus deseos.

No importa si eligió el primer o el tercer método, por lo general el péndulo obedece a su mente. La mayoría de la gente se sorprende la primera vez que ve al péndulo moverse de acuerdo con la transmisión de sus pensamientos. Los movimientos simplemente demuestran que la mente afecta a la materia.

Si le es difícil mover el péndulo con el poder de la mente, es quizá porque está cansado (ésta es la causa principal por la que el péndulo no obedece) o no tiene la capacidad de transmitir pensamientos con la fuerza suficiente para producir movimiento. Este caso es inusual. Si ya que ha descansado intenta mover el péndulo con el poder de la mente una vez más estando tranquilo y atento y no lo logra, deberá empezar a producir un voltaje y fuerza mentales más altos haciendo este ejercicio todos los días.

Si es constante, logrará que el péndulo se mueva. Igual que cuando tonificamos el cuerpo a través del ejercicio físico, el cerebro y la fuerza de la mente se fortalecen con la calistenia.

Después de programar al péndulo para que responda "sí" y "no", puede prepararlo, o descifrar sus movimientos (de acuerdo con la primera técnica), para los conceptos "afirmativo/positivo" y "negativo" o "armonía" y "desarmonía". Si usted lo programa es mejor que use el movimiento que significa "sí" para "afirmativo" o "positivo" y "armonía" y el que significa "no" para "negativo" y "desarmonía". Estos conceptos mejorarán su uso del péndulo.

Después de programar y afinar el péndulo, o sintonizarse con él, no hay necesidad de volver a hacerlo. Para que así sea, asegúrese de que siempre sea suyo y evite que los demás lo toquen, pues las vibras externas alteran la programación.

Un péndulo que se ha guardado y no se ha usado durante mucho tiempo quizá necesite "refrescar" sus movimientos a las respuestas que le programó. Si eligió usar un péndulo de cuarzo (piedra), es bueno que de vez en cuando lo ponga en un cuarzo de cristal limpiador y después lo programe. Si alguien más usó el péndulo de cuarzo (lo que no es buena idea), es mejor que lo enjuague bajo el chorro de agua y lo coloque en un cuarzo por una o dos horas más, según crea conveniente.

4

Reglas para usar el péndulo

Concéntrese en un objetivo
Cómo empezar

Entre más se concentre el operador del péndulo en el objetivo por el que pregunta o busca, mejores y más exactos serán los resultados. El siguiente es uno de los procesos más importantes al empezar a concentrarse en el objetivo: Por principio de cuentas, fije el objetivo —pregunta, objeto, persona, etc. con respecto al cual utilizará el péndulo. La instrucción debe ser clara. En este caso, tómelo y diga su intención.

Después, asegúrese de contar con la facultad para llevar a cabo la interpretación. A veces las personas aún no alcanzan el nivel de conciencia correspondiente para trabajar con ciertas preguntas. Por lo tanto, después de establecer el objetivo tome el péndulo y pregúntele: "¿Tengo la facultad para hacer esto?".

Ya que existen algunas áreas en el uso del péndulo que no cualquiera puede penetrar, como el caso de la predicción del futuro, determinadas interpretaciones personales, etc., el permiso depende del nivel de conciencia de la persona, de su capacidad para despojarse de asuntos internos y muchos otros criterios. Para verificar si tiene permiso de realizar una interpretación, una verificación o cualquier otro uso en particular del péndulo, tómelo y pregúntele: "¿Puedo llevar a cabo esta interpretación [verificación u otro uso]?", o "¿tengo permiso para hacer esta pregunta?".

Por último, compruebe si está listo en ese preciso momento para hacer ese uso en particular del péndulo. Muchos factores afectan este estado, por ejemplo la fatiga, cruzar los brazos y las piernas cuando está haciendo la verificación, la presencia de aparatos eléctricos de gran potencia cerca del péndulo, falta de paz interna y más. Para revisar si no hay factores de interferencia, o que no haya pasado por alto ninguna etapa relacionada con el logro del objetivo específico, sostenga el péndulo y pregúntele: "¿Estoy listo?", o "¿estoy en la sintonía correcta?", o "¿se me olvidó algo?".

Hacer estas cuatro preguntas antes de usar el péndulo asegura resultados buenos y confiables. Si la respuesta a todas esas preguntas es afirmativa, continúe usando el péndulo con el objetivo deseado. Por otra parte, si alguna es negativa, lo mejor es detenerse, guardar el péndulo e intentarlo en otra ocasión. La respuesta negativa a la pregunta "¿Tengo permiso?" le dirá explícitamente que lo mejor para usted es no entrometerse en el área en cuestión. Si insiste y decide continuar a pesar de la negativa, no confíe plenamente en las respuestas del péndulo.

Además de estas reglas iniciales, tome en cuenta los diversos factores que pueden afectar los movimientos del péndulo y sus propias capacidades:

El péndulo contestará "sí/no" a las preguntas. Debe formularlas de manera que las respuestas sólo requieran de un "sí" o un "no". Además, tienen que ser lo más precisas posible.

Sus emociones y pensamientos estarán en neutral, no muestre opinión o emoción con respecto a la pregunta, pues las opiniones, emociones o deseos tienden a alterar la respuesta. Sólo desee una respuesta sincera, incluso aunque no sea lo que quiere escuchar. Por tal motivo, debe practicar varias técnicas de relajación y diga a su subconsciente: "Estoy liberándome de todas las emociones y pensamientos. Deseo y estoy recibiendo únicamente una respuesta honesta". Esta tarea no es sencilla, pero una vez que logre adquirir la capacidad de ser neutral y objetivo en el uso del péndulo, habrá conseguido una herramienta maravillosa y poderosa que además de serle útil en la vida diaria, le hará desarrollar su intuición y sexto sentido. Hasta entonces, cuando quiera hacerle una pregunta importante para usted, requerirá de la ayuda de otra persona que sepa usar el péndulo, que sea neutral ante la respuesta y que no tenga opiniones ni emociones al respecto.

Cuando utilice el péndulo debe estar tranquilo y sereno. Si está agitado, molesto, irritado, triste o experimentando otra emoción depresiva o incómoda, es probable que falle la interpretación. El péndulo tal vez se mueva entrecortadamente, salte, permanezca inmóvil excepto en el caso de pequeños movimientos nerviosos y lleve a cabo movimientos que alteren la interpretación.

Durante ésta, asegúrese de que manos y piernas no se toquen entre sí o se doblen y no cruce las piernas al sentarse, pues estas posiciones debilitan el flujo de energía vital para los movimientos del péndulo. Siéntese con las piernas separadas y los pies bien puestos en el piso. Tome el péndulo con la mano derecha, o izquierda si es zurdo, y coloque la otra ligeramente a su lado.

Cuando haga una pregunta, entienda su importancia. Ponga atención a las palabras que elija y perciba la esencia de la pregunta. Preguntas como: "¿Tendré suerte con el sexo opuesto?" "¿Tendré éxito en la vida?" o "¿Las cosas saldrán bien entre Juan y yo?" son un error común entre los principiantes. Muchas de las personas que hacen las preguntas no conocen con exactitud la intención o el significado de la palabra "éxito", incluso en lo referente a sí mismos, por lo que el uso de conceptos abstractos conduce al fracaso. Las preguntas deben ser lo más precisas posible. Si para usted, tener éxito en la vida significa obtener un trabajo en particular, entonces ésa es la pregunta que debe hacer.

Durante la interpretación, fíjese que no esté en un área en la que existan muchos aparatos eléctricos que operen con alto voltaje como máquinas de rayos X, televisores a color, computadoras, etc. Estos artículos emiten una poderosa radiación que altera el movimiento del péndulo y dificulta la interpretación, en especial cuando el usuario no tiene experiencia.

Es mejor hacer la lectura en un lugar lo más tranquilo y silencioso posible. A veces, las numerosas frecuencias y resonancias en los lugares ruidosos y con mucha gente tienden a afectar los movimientos del péndulo, haciéndolo que se mueva y salte de manera errática.

5

La preparación del péndulo

Elija un péndulo

Existen muchos tipos de péndulos en el mercado, desde los sencillos hechos de plástico hasta los que son de oro y piedras preciosas. Cuando compre un péndulo, recuerde que el valor económico no tiene importancia. El péndulo formado por un botón pendiendo de una cuerda es igual de eficaz que uno hecho con metales o piedras caras. No obstante, si tiene en mente usar un péndulo con el propósito de sanar, los de cristal son ampliamente recomendados debido a las cualidades de la piedra. Pero insisto, el más sencillo también puede ser el apropiado. En cualquier caso, si adquiere el péndulo más simple o el más sofisticado, lo único que debe considerar es que se sienta cómodo usándolo, así como cierta "empatía" con él. Cuando lo agarre, también verifique que no sea ni muy pesado ni muy ligero para su gusto. Por supuesto, puede hacer su propio péndulo. En este caso, la "conexión" entre usted y él se desarrollará automáticamente, ya que lo habrá preparado usted mismo y habrá vertido sus energías en él.

Cómo hacer su propio péndulo

El péndulo puede ser de cualquier material, aunque muchas personas lo prefieren de oro, cristal o una buena piedra. Otros eligen un cristal hueco para llenarlo con agua bendita o aceite esencial.

Es importante que los péndulos tengan un centro de gravedad que señale con claridad hacia abajo (un punto en el que se concentre el peso hacia la parte más baja del centro) y un aro por el que pase la cuerda para sostenerlo. También existen cuerdas especiales para los péndulos preparados, éstas se compran.

En nuestros días, debido a que el uso de los péndulos es común y está al alcance de mucha gente, ya sean sanadores, místicos o personas que recurren a ellos para resolver problemas cotidianos, la fabricación de péndulos se ha convertido en una industria. Los productores de estos artículos, incluso los radiestesistas, trabajan día y noche en sus talleres y laboratorios para crear nuevos tipos de péndulos. En la actualidad se encuentran cientos de miles de diferentes péndulos en el mercado. Entre los materiales más comunes están la madera, el metal, la baquelita, el plástico, el ámbar y varios cuarzos. Los péndulos de metales y materiales caros y exóticos como oro, plata, haya, marfil, mármol, cristal checo, jade, amatista, lapis lingua, hueso de ballena, etc., son poco comunes.

El cuerpo del péndulo

Muchos radiestesistas y fabricantes de péndulos dicen que los hechos de metal deben utilizarse sólo con propósitos específicos, pues responden fuertemente a las influencias externas. Esto se debe a que los metales actúan como conductores. Sin embargo, las vibraciones metálicas tienden a afectar e interferir con la precisión de la interpretación y la recepción de los mensajes.

Por ejemplo, los péndulos de hierro se consideran demasiado sensibles a los campos magnéticos y los de cobre a la absorción de olas eléctricas. Sin embargo, los materiales no conductores como el vidrio, la madera y el plástico son muy buenos para los péndulos.

Por lo general son cónicos, esféricos, espirales, cilíndricos o en forma de puro y es imperativo que sean simétricos; muchos usuarios de péndulos prefieren los cilíndricos por su precisión. Los espirales tienen la ventaja de que no les afectan mucho las ráfagas de viento, pero a veces tienen problemas para atraer las resonancias más sutiles que a la larga son muy importantes. Hay péndulos huecos en los que se coloca cierto material, así como aquellos que tienen un compartimento en el que se vierte agua bendita o aceites esenciales.

Sin embargo, la combinación de sustancias adicionales, cuya composición el usuario no conoce a ciencia cierta (la sustancia puede tener ingredientes adicionales no recomendables para la interpretación con péndulo), afectan los movimientos del péndulo.

La cuerda

El material que se utiliza para conectar los dedos del usuario con el cuerpo del péndulo debe ser flexible para que éste se balancee con libertad. Por lo general se emplea hilo, cadenas, hilo nylon (sedal), cordón de seda negra, varios tipos de cáñamo, alambre, cáñamo blanco o cuerda.

Además de flexibilidad, la cuerda debe ser maleable y fuerte. El hilo de coser no soporta el peso del péndulo y se rompe en un instante.

Prepare su péndulo en casa

Para hacer un péndulo, tome una cuenta de vidrio o plástico y amárrela a un cordón, de preferencia de seda negra. Puede utilizarse un anillo (una argolla de matrimonio) en lugar de la cuenta. Después, cuando tenga más experiencia, tendrá que considerar el material del que está hecho el anillo, así como el significado que tiene y la energía con la que está empapado —argolla de matrimonio, anillo de amistad, etc. Si decidió hacer su primer péndulo con un anillo pero no está seguro si está cargado únicamente con energía positiva y buena, es mejor que no lo use a menos que pueda limpiarlo de la energía previa a través del poder de la mente. Para que absorba buena vibra, colóquelo en un cristal limpiador de energía.

Un botón también es una opción común para hacer un péndulo en el caso de los principiantes. Se recomienda el hilo negro porque desde el punto de vista científico, el negro emite menos vibraciones de interferencia que los colores del espectro y, por lo tanto, reduce la posibilidad de crear interferencia de distracción.

Puede usarse un botón de camisa en forma de perla artificial, amárrelo a la punta de un cordón delgado de algodón de 20 centímetros de longitud. Un arete en forma de pendiente de perla artificial también es un buen péndulo para principiantes. Sólo sepárelo del arete y amárrelo a una cuerda o cadena delgada.

Entre otras opciones está la de clavar una aguja en una pelota de aluminio, corcho u otro elemento en el que la aguja se inserte. El ojo de ésta será el lugar por donde pasará la cuerda o cadena. Obviamente, asegúrese de que la punta de la aguja no quede fuera para evitar accidentes.

Adornos, pendientes o anzuelos son útiles para hacer péndulos para principiantes. Otro método es hacerlo con partes de un árbol, lo que implica añadir una varita a la cuerda y peso.

El radiestesista francés Henri de France sugiere que los principiantes usen una pelota o cilindro de madera que pese entre 30 y 60 gramos (una o dos onzas) y una cuerda fuerte y flexible de 25 centímetros de longitud y en la punta un ojal. Hágale un hoyo a la pelota y únala al ojal a través de una pequeña estaca de madera. Amarre la cuerda a un palito de 20 centímetros de longitud y de entre 0.8 y 1.7 centímetros de diámetro. Henri de France explica que este tipo de péndulo debe sostenerse con el palito entre los dedos índice y pulgar.

Cuando el usuario identifique el largo de la cuerda que le acomoda, el péndulo empezará a dar vueltas de acuerdo con las vibraciones emitidas por el objeto para el cual se utiliza.

La ventaja del péndulo que usted mismo fabrica es que es personal y único, y está en sintonía exacta con sus resonancias. No sólo los principiantes eligen hacer sus péndulos, los radiestesistas avanzados y los sanadores con frecuencia prefieren hacer sus péndulos para que absorban sus vibraciones y sean adecuados para sus propósitos.

Afinación para la preparación

Siempre es buena idea llevar a cabo una afinación especial antes de empezar a trabajar. Piense en el trabajo tranquila y serenamente, en una habitación con una atmósfera lo más limpia y placentera posible (puede utilizar música agradable y aceites aromáticos), coloque el material en una mesa de trabajo libre de elementos extraños, relájese y elimine de su mente pensamientos y emociones. Es mejor pedir que alguien lo guíe, así como usar técnicas que lo llenen de las energías que prefiera.

No empiece a trabajar si está enojado, triste o emotivo y verifique que está libre de intenciones negativas. Dichas energías dejan una impresión residual en el péndulo que está haciendo y le incorporan energías no benéficas que afectan de manera adversa su trabajo y exactitud.

6

El péndulo en el amor

El péndulo tiene muchos usos, pero uno de los más populares entre principiantes y radiestesistas profesionales está relacionado con el amor. El péndulo es uno de los instrumentos más exitosos y exactos para medir y verificar la compatibilidad de dos personas. La ventaja es que la persona en cuestión no tiene que estar presente físicamente para probar su compatibilidad. Puede pensar en ella, imaginársela o sintonizarse con ella. De hecho, no tiene que conocerla en persona o tener información sobre ella para verificarlo. En tal caso, con el nombre de la persona será suficiente.

Una de las teorías enfocadas en el manejo del péndulo a través del subconsciente explica el éxito de las interpretaciones románticas como resultado de la recepción de los campos electromagnéticos de la gente involucrada. Cuando el campo electromagnético de dos personas no es compatible, se producen cortos circuitos entre ellos, la velocidad y la fuerza de las que dependen la incompatibilidad de sus campos magnéticos. Su significado en las relaciones humanas es palpable en situaciones comunes en las que sentimos, por ejemplo, una aversión y repulsión inexplicables hacia una persona que acabamos de conocer y que en realidad no ha hecho nada para producirnos esos sentimientos.

El motivo es que esa hostilidad u oposición está presente en el campo magnético del individuo o su aura es totalmente incompatible con la propia. Pero cuando está en duda la relación de una pareja, es de suma importancia la capacidad que sus campos de energía tengan para aflorar. Cuando existe armonía entre dos campos magnéticos, las oportunidades de establecer una relación fructífera, amorosa, estable y verdadera son muy grandes.

Cómo verificar la compatibilidad de una pareja

La técnica para comprobar la compatibilidad de una pareja es muy sencilla. Puede hacerlo solo, pero asegúrese de permanecer neutral. Si desea verificar que el amor de su vida es realmente compatible con usted, realice esta fácil prueba. Si tiene problemas para elegir entre varios candidatos románticos, puede examinar a muchas personas.

Elija una habitación silenciosa y ventilada, con una atmósfera placentera y tranquila. Asegúrese de que no haya aparatos eléctricos de alto voltaje. Coloque frente a usted una hoja de papel, de preferencia en una superficie limpia y plana o en una mesa donde no haya objetos innecesarios. En la hoja escriba su nombre y el de la persona que desea verificar. Por ejemplo:

Luis (quien pregunta) / Susana

Si quiere revisar a cuatro personas más, escriba sus nombres:

Ana/María/Sandra/Diana

Siéntese en una silla cómoda cerca de la hoja. Recuerde no cruzar brazos ni piernas, pues afecta la prueba. Asegúrese de estar alerta y tranquilo. Relaje los músculos. Libere su mente de opiniones, pensamientos o emociones y neutralice su consciente. Recuerde que si no puede neutralizar sus emociones restará exactitud a la interpretación. Respire profunda, lenta y tranquilamente varias veces para relajarse y calmarse. Establezca el propósito del examen, tome el péndulo y haga preguntas de apertura: "¿Puedo hacer esta prueba?" "¿Tengo permiso?" "¿Estoy listo?".

Coloque el péndulo sobre los dos nombres y pregunte: "¿Estas dos personas son compatibles?". Si realmente lo son, la respuesta será un movimiento de "sí" suave y obvio (de acuerdo con el movimiento que usted programó al péndulo para "sí"). Si no lo son, el movimiento será de "no".

Puede calcular el grado de compatibilidad, o falta de, observando el movimiento del péndulo y midiendo su fuerza. Un movimiento rápido y más amplio, rotación con un gran diámetro, corroborará la respuesta, positiva o negativa. A veces, la interpretación se realiza bajo las condiciones adecuadas (vea el capítulo Reglas para usar el péndulo) y el péndulo no se mueve de manera significativa sino sólo salta, tiembla o gira ligeramente.

Si usted es demasiado sensible, sentirá un ligero cosquilleo o piquetes en la mano. Esto significa que se encontró un conflicto entre dos campos de energía totalmente desarmonizados. La relación entre estos dos seres, y en particular una romántica, será destructiva y la comunicación será defectuosa. Por lo tanto y en definitiva, no es recomendable.

La historia de Mónica

Escuché por primera vez las muchas historias de Mónica de boca de su anciana madre, que era mi vecina y quien contaba relatos maravillosos de ella, sus éxitos, su belleza y sus dones. Según entendí era muy ambiciosa; de hecho, el avance en su carrera era meteórico. A la edad de 32 años, se había convertido en la gerente de un importante banco obteniendo gran éxito, estima y satisfacción gracias a su trabajo. Lo único que nublaba la felicidad de la madre era que a sus 34 años, Mónica no había podido establecer una relación estable. La anciana madre me expresaba su dolor; no podía creer que su "perfecta" hija no pudiera encontrar marido e iniciar una familia.

Un día, la mujer celebró su fiesta de cumpleaños en el jardín y conocí a Mónica. Realmente las historias de la orgullosa madre sobre su belleza e inteligencia eran ciertas. Era una mujer hermosa, delgada y bien proporcionada, con una castaña cabellera larga, bien cuidada e impresionante. Era imposible que pasara inadvertida.

Cuando nos sentamos a la mesa, disfrutando del precioso jardín de mi vecina, empezamos a platicar y, a pesar de la obvia diferencia en nuestra forma de ver al mundo, pronto nos convertimos en buenos amigos. La misma Mónica trajo a colación el asunto de su soltería. Dijo que hacía tiempo había aprendido a manejar la agobiante presión familiar y aunque sentía una pequeña punzada en el corazón cuando le preguntaban: "¿Ya encontraste pareja?", había dejado en claro a toda persona que la conocía que estaba muy bien sola. Su excusa era que no tenía tiempo para las relaciones. En realidad era una mujer muy ocupada, pero la verdadera razón, según me confesó, por la que no tenía éxito para conservar una pareja más de dos o tres semanas era su incapacidad para comprometerse y su selectividad. Su autoestima era muy alta y estaba en busca de un hombre que satisficiera sus expectativas. Me dijo: "Mira, no tengo problemas económicos, la vida me interesa, mi trabajo es fascinante y mi ingreso cubre mis necesidades. El hombre que quiero debe ser exitoso en todas las áreas; un hombre que admire física y mentalmente, una persona destacada".

Conocía muchos hombres encantadores, inteligentes, interesantes y bien ubicados, pero para su desgracia en poco tiempo se volvía evidente que no les interesaban las relaciones, que no estaban listos para casarse o no podían crear lazos emocionales y entablar una relación profunda y de compromiso. Estaba muy decepcionada de los hombres y no estaba dispuesta a comprometerse.

Una noche, mi vecina tocó la puerta. Cuando entró, la expresión de su rostro era de desesperación. Con tristeza me dijo: "No sé qué hacer con ella. Intenté presentarle a un hombre maravilloso, hijo de una amiga de la infancia. Es un médico exitoso y un hombre encantador y carismático; cuando lo vi, hace dos semanas, de inmediato supe que era el hombre indicado para ella. Pero por más que traté de convencerla, se niega a escuchar. Se enoja cuando quiero presentarle a alguien y me dijo que deje de meterme en su vida. Tú sabes que no quiero ni intervenir ni convencerla, pero presiento que es el hombre adecuado para ella. ¿Podrías hablar con ella?". Expliqué a la madre mi opinión sobre las relaciones y le sugerí que antes de que siguiera enloqueciendo a Mónica, verificaría los nombres con el péndulo.

Llamé a Mónica por teléfono y le pedí permiso para realizar el examen en presencia de su mamá. Ingenuamente, Mónica creyó que se trataba de un truco inteligente para calmar a su angustiada madre y la dejara descansar de sus constantes ruegos para que lo conociera. Cuando le pregunté si quería participar en la prueba, respondió que, con todo respeto, no creía en esas tonterías.

Le pedí a la preocupada madre que se tranquilizara un poco, pues yo percibía la energía obstáculo de la angustia. Me senté a la mesa y escribí en una hoja el nombre de Mónica y el del señor. Respiré profundo varias veces, limpié mi mente de pensamientos y sentimientos y coloqué el péndulo sobre los nombres en la hoja. En respuesta a mi pregunta "¿Estas dos personas son compatibles?", el péndulo hizo un movimiento ligero, claro y circular en el sentido de las manecillas del reloj, indicando una respuesta afirmativa. El diámetro del círculo era relativamente grande y giraba con rapidez y seguridad. Así, según la interpretación inicial, los dos eran compatibles.

Seguí revisando los siguientes parámetros: la compatibilidad física, emocional, mental y espiritual. La respuesta fue sorprendente, el péndulo reaccionó a cada pregunta con un claro y rotundo "sí". Cuando pregunté "¿La pareja es compatible espiritualmente?", el péndulo dibujó un círculo siguiendo las manecillas del reloj de diámetro bastante grande.

Rápidamente llamé a Mónica para darle los resultados de la interpretación. Le di una breve explicación sobre el funcionamiento del péndulo con varios ejemplos exitosos. Se negaba a creerlo. Finalmente, después de inclinarme más hacia el lado científico de la actividad del péndulo, cómo indica y funciona con el campo electromagnético que rodea a las personas y muestra la compatibilidad entre ambos campos, dijo que tenía que comprobarlo por sí misma.

En media hora llegó a mi casa, con una expresión de duda en su mirada; sin embargo, pude ver que había surgido cierto interés. Por supuesto, el péndulo respondió las preguntas con la misma precisión que antes. (Tómese en cuenta que debido a que Mónica aceptó la interpretación con un interés prácticamente objetivo, sin darle mucha importancia a las respuestas del péndulo, superando su escepticismo y dejando salir su curiosidad natural, sus sentimientos no interfirieron en la interpretación y el péndulo respondió igual que antes). El hecho de que la segunda verificación fuera idéntica a la primera, la sorprendió. Su analítica mente sabía que las posibilidades de que el péndulo repitiera con exactitud los mismos movimientos por coincidencia eran nulas. Al final, aceptó apuntar el teléfono del hombre para hablar con él y ver qué resultaba. Tres semanas después me habló muy emocionada. No quería hacerse ilusiones, pero le había caído bien desde el primer momento y la primera cita, como las muchas que le siguieron, fue simplemente maravillosa. Un año y medio después, la vi camino al altar llena de felicidad. Hoy en día, a tres años de la interpretación, la pareja tuvo su primer hijo y disfrutan de una excelente relación.

7

El péndulo en el trabajo y la profesión

Elegir una carrera es una de las decisiones más importantes que debe tomar una persona. Cuando se elige la profesión equivocada, no importa lo bueno que seamos, lo rápido que progresemos ni cuánto dinero ganemos, siempre habrá una parte de nosotros que no esté satisfecha. Esto se debe a que cada uno tenemos cierta vocación en la vida y sólo si la llevamos a cabo estaremos completamente satisfechos y contentos.

Hace mucho tiempo, antes de que la civilización surgiera, los seres humanos estaban más unidos a la naturaleza. Esta cercanía, un estilo de vida más natural y aspiraciones más sencillas, facilitaban a la gente el descubrimiento de su vocación. Cuando aún vivían en tribus, a algunos niños les interesaba mucho acompañar a los guerreros, ir de cacería con ellos y observar sus actividades. Otros pasaban el tiempo observando el trabajo de quienes se dedicaban a fabricar las herramientas, imitaban sus acciones y trataban de hacer una herramienta con huesos.

El niño que sentía impaciencia por dibujar, invertía su tiempo buscando materiales para crear colores, mientras que al niño que le fascinaban las obras del curandero de la tribu y quería imitarlo, trabajaba para él y aprendía sus técnicas con el paso de los años. Estos niños encontraban de manera natural la profesión con la que llevarían a cabo su propósito en este mundo.

En la actualidad, muchos padres tienden a forzar a sus hijos a estudiar carreras "de éxito" y "lucrativas", aquéllas que les darán posición y riqueza. Algunas profesiones se consideran más populares en el "mercado" y muchos jóvenes las eligen, cuando en realidad no concuerdan con la inclinación de sus corazones y no son la realización genuina de su vocación. A veces, cuando la persona se da cuenta de ello, siente que ya es muy tarde, que está muy vieja y cansada para estudiar otra carrera. En realidad, no es cierto y la gente puede descubrir su vocación a cualquier edad y en cualquier situación si lo desea de corazón. ¿Por qué esperar tanto? En esta época, en la que el éxito se mide con dinero, propiedades y con frecuencia fama, mucha gente deja de lado su verdadera vocación en favor de trabajos que generan mucho dinero, pero que lo agobian espiritualmente y empobrecen su vida haciéndola aburrida e insatisfactoria. La historia de Al es un buen ejemplo de una persona que, a edad madura, recibió la ayuda del péndulo para cambiar de carrera y dar nueva luz a su vida.

Al era un importante importador de licor. Le iba muy bien en el trabajo y a los 38 años ya era dueño de una elegante casa en una colonia exclusiva, tenía esposa y tres encantadores hijos. Sin embargo, se sentía completamente insatisfecho con su vida, creyó que había llegado a la "crisis de los 40". Ya nada le interesaba; empezó a volverse impaciente e irritante tanto en el trabajo como en la casa. De ser un hombre amigable y sociable, se volvió una persona casi imposible incluso ante sus ojos. Se inscribió en el gimnasio, participaba en maratones y sostenía varias relaciones extramaritales, iba con frecuencia a bares y restaurantes y bebía. Empezó a sentirse deprimido y sin ánimo, nada animaba o alentaba su interés.

Sentía que su vida iba en picada y sabía que tenía que hacer algo. Un amigo mutuo lo mandó conmigo. Para mí fue difícil saber el motivo de su depresión. Según lo que dijo, su falta de entusiasmo por su trabajo y la manera en la que habló de él, pensé que valdría la pena encaminarnos hacia esa dirección. Le pregunté si había pensado en cambiar de profesión.

Respondió que a pesar de que estaba harto de su trabajo, sabía que mucha gente estaría feliz si tuviera una carrera tan fructífera y próspera como la de él.

Le sugerí que nos enfocáramos en ese asunto. Recurrí a la interpretación con péndulo y a un proceso de eliminación (éste se menciona posteriormente). El sorprendente resultado fue que de todas las profesiones que pedí a Al que enumerara, la de "guía de turistas" fue la que señaló el péndulo. Al principio, Al no entendía por qué ésa había sido la elegida. Después de repetir el proceso varias veces, empezó a recordar por qué se involucró en la importación. De hecho, lo que le fascinaba no eran las ganancias económicas de la importación, sino que una carrera como ésa le permitiría viajar a lugares lejanos y visitar otros países. Aparentemente, con el paso de los años se extinguió su amor por los viajes, la historia y leyendas de esos lugares lejanos que tanto adoró en su niñez y juventud, por lo que olvidó y reprimió su verdadero deseo.

Después de varios encuentros, Al decidió entrar en este nuevo campo. Tomó diversos cursos de turismo y muy rápido su vida se llenó de una nueva luz. Descubrió que los estudios le encantaban y en poco tiempo se volvió guía de turistas, además de conservar su negocio de importaciones. Le emocionaba ver que trabajar con gente, la capacidad de inspirar entusiasmo recurriendo al extenso conocimiento que había adquirido y dirigir la atención a la belleza de los lugares a los que viajaban, lo estremecía y lo hacía explotar al máximo sus dones. Paralelamente, sentía que su depresión y aburrimiento desaparecían y que no sólo volvería a ser el mismo Al tranquilo y animado de antes, sino que realmente lo sentía desde adentro. Por supuesto, el cambio de profesión afectó todas las áreas de su vida y la familiar mejoró de manera sorprendente.

Busque un lugar tranquilo donde pueda sentarse, hágalo cómodamente, relájese y cálmese. Respire profunda y lentamente, en silencio. Libere la mente de pensamientos, preocupaciones, emociones u opiniones. Recuerde que sólo le interesa descubrir su verdadero propósito. Debe estar despabilado y alerta durante la prueba, por lo que es mejor que la lleve a cabo durante las horas en las que su energía está al máximo. Si está cansado o presionado, descanse para tranquilizarse antes de empezar la interpretación.

Establezca el objetivo de la prueba y haga preguntas de apertura. Empiece con las profesiones de la lista, una a la vez, usando el péndulo. Cuando lo coloque sobre la carrera, pregunte: "¿Esta profesión es la carrera adecuada para mí?" Muchas quedan descartadas como resultado de la respuesta negativa del péndulo. Al final de la primera interpretación, quizá el péndulo haya contestado "sí" a muchas de las profesiones. Haga la prueba con ellas otro día. Las que resultaron elegidas son los campos en los que usted aparentemente logrará el mayor éxito y satisfacción.

Cómo elegir el trabajo adecuado

Si tiene diversas propuestas laborales ante usted y no está seguro de cuál escoger, escríbalas y pase el péndulo sobre cada una de ellas preguntando: "¿Éste es el empleo adecuado para mí en este momento?". Si recibe una respuesta afirmativa o negativa a una, o a todas, pregunte: "¿Este trabajo es mejor para mí que los demás?". Uno producirá un movimiento suave y claramente positivo del péndulo.

Si continúa recibiendo respuestas negativas para todos, es muy posible que esos lugares de trabajo tengan factores negativos para usted. No olvide que un lugar de trabajo no se evalúa sólo por el tipo de profesión y salario, sino por el ambiente laboral, las relaciones entre empleados, la naturaleza de la gerencia, la atmósfera del lugar, las posibilidades de ascenso y cualquier factor que considere importante. Es posible que una brillante posición que haya recibido una respuesta negativa del péndulo carezca de uno o más de los factores que tienen importancia consciente o inconsciente para usted.

8

Usando el péndulo para diagnóstico y sanación

Uno de los usos más comunes del péndulo entre los expertos profesionales es con propósitos médicos. Muchos de los pioneros en el uso del péndulo eran médicos y fisiólogos. Actualmente en Francia, hay más de 7,500 médicos y fisiólogos que usan el péndulo como instrumento inseparable de su trabajo, como el estetoscopio, y muchos científicos también investigan su uso en el campo de la medicina.

Utilizando las técnicas para revisar la comida, la gente descubre los tipos exactos de alimentos buenos para su salud y la de su familia. Estas técnicas son tan sencillas que algunas pueden llevarse a cabo en el supermercado o centro comercial. Es recomendable realizar las pruebas en presencia de todos los miembros de la familia para descubrir qué alimentos son adecuados y saludables para cada uno. Puede ser que difieran de persona a persona, incluso entre los miembros de una misma familia.

Primer método: Revisión de alimentos de acuerdo con una lista

Los alimentos deben dividirse en dos grupos según la clasificación que usted elija. No es necesario, ni tampoco será más fácil, que incluya en la lista toda la comida que se le ocurra. Basta con abarcar los alimentos que comúnmente ingieren los miembros de su familia, los que les gustan y los que comen en ocasiones especiales.

Sin embargo, es importarte incluir aquellos que se consumen con frecuencia, los que son saludables pero no comunes en la alacena como pan integral, arroz integral, pescado de agua salada y similares, pues algunos miembros de la familia podrían descubrir que esos alimentos son vitales para ellos.

La lista debe dividirse en grupos siguiendo un criterio, no importa cuál, mientras estén organizados y claros (según los grupos alimenticios, el tipo de comida, etc.). Escríbalos en hojas separadas y en la parte superior el nombre de la persona para quien se verifican los alimentos. Después de hacer las listas, el operador pregunta: "¿Esta comida es buena y adecuada para mí?" (o la persona para la que se revisa el alimento).

La respuesta positiva del péndulo indica que la comida es buena para la persona. Una respuesta firmemente positiva sugiere la posibilidad de que el individuo necesita determinado alimento en cantidades mayores que los demás alimentos de la lista. En contraste, una fuerte respuesta negativa indica que la comida es dañina o indeseable para la persona.

Segundo método: Revisión de los alimentos en sí

Este método es más eficaz básicamente cuando se revisan productos alimenticios complejos, listos para servirse o comprados, como en el caso de un pastel con varios ingredientes o una botana conformada por varios grupos alimenticios, aditivos y similares. Para llevar a cabo la verificación, coloque la comida a revisar sobre una mesa donde no haya más alimentos u otros objetos. Después de la afinación y las preguntas de inicio, coloque el péndulo sobre la comida y diga: "¿Este alimento es bueno y adecuado para mí?" (o para la persona para quien se realiza el examen). Observe los movimientos del péndulo.

La respuesta positiva le indicará que el alimento es el adecuado y saludable para la persona. La ventaja de esta verificación es que puede hacerla en el supermercado para no comprar alimentos incorrectos. Por supuesto, tal vez reciba algunas miradas de sorpresa por parte de otros clientes. No dude en explicarles lo que está haciendo en caso de que se lo pregunten. Entre más personas conozcan las ventajas de usar el péndulo y la importancia de ingerir alimentos sanos, buenos y nutritivos, mayor será la contribución a la salud de la sociedad.

Tercer método: Revisión de los menús

Si el médico o nutriólogo le recomendó una dieta específica, incluyendo una lista de alimentos y las cantidades que debe ingerir, vale la pena verificar si en realidad esa dieta es la más adecuada para usted. Para hacerlo, escriba su nombre en la parte superior de la lista y en caso de que contenga texto o diagramas que nada tengan qué ver con los alimentos a revisar, cópiela en una hoja limpia.

Si las cantidades que debe comer aparecen al lado de los alimentos, escriba los tipos de comida en una hoja aparte para que tenga dos listas, una sólo con los nombres de los alimentos y otra con los nombres y cantidades que debe consumir de cada cosa. En la parte superior de las listas, escriba su nombre o el de la persona por la que realizará la revisión.

Descubra desplazamientos y dislocaciones de las vértebras en la espina dorsal

Todos conocemos la importancia de tener una espina dorsal sana y firme. Las afecciones de la columna vertebral afectan la estabilidad general del cuerpo, la estructura del esqueleto y en consecuencia, la salud de los órganos internos.

La médula espinal, que pasa por las vértebras y se extiende por los nervios del cuerpo, se ve directamente afectada por los padecimientos de la espina dorsal y las vértebras. Los impulsos eléctricos que el cerebro manda al resto de los miembros del cuerpo pasan por la columna vertebral y el movimiento, aunque sea ligero, de una de las vértebras origina presión en la médula espinal y la vértebra adyacente bloqueando el flujo de la energía nerviosa requerida para el funcionamiento de los músculos. En tal caso, es posible que la situación se deteriore poco a poco hasta el punto de radiar dolor a varios órganos.

En casos graves, se origina inflamación, hernia de disco y parálisis. Un quiropráctico corrige rápida y eficazmente estos desplazamientos, pero deben detectarse en etapas tempranas antes de que la situación se deteriore y agrave.

Para localizar los desplazamientos de vértebras en etapas tempranas, muchos doctores y quiroprácticos utilizan un aparato llamado analógrafo. Éste es una máquina que se pasa por encima de la piel a lo largo de la columna y emite rayos de calor sobre la espina dorsal. Estos puntos se fijan en un papel especial y se proyectan en la máquina, así el quiropráctico los observa e identifica los lugares en los que se presentan manchas de calor anormal en la columna vertebral. Éstas indican la posición incorrecta de las vértebras.

Pero el principal problema de este aparato es su alto precio. En contraste, el uso del péndulo en el diagnóstico de desplazamiento vertebral no es menos exacto y en muchas instancias excede la precisión del analógrafo, por la simple razón de que el péndulo es capaz de localizar las frecuencias y vibraciones de un desplazamiento incluso en etapas tempranas cuando la situación aún parece normal. Esta ventaja surge debido a que antes de que se origine un desequilibrio físico, éste se refleja en los campos electromagnéticos del cuerpo.

Para que quede más claro, imagine que una persona tiene una carga de trabajo pesada y, además, la responsabilidad de velar por su esposa, sus hijos, sus ancianos padres y un amigo íntimo que atraviesa por problemas económicos. En resumen, trae el mundo a cuestas. Este estado emocional, aparentemente, se expresará en algún padecimiento de la columna vertebral.

La gran presión, la carga y el patrón mental que lo hace tomar exagerada responsabilidad por lo que lo rodea, pronto se refleja en problemas con las vértebras. En ese momento, no tiene dolores extraños; sin embargo, los músculos de los hombros y espalda con frecuencia están tensos y duros, lo que afecta directamente a las vértebras, pero ya se "acostumbró" y no les presta atención. De hecho, su espina dorsal ya está desequilibrada. Ahora, lo que le falta es levantar un portafolio mediano haciendo el movimiento equivocado, o asumir una responsabilidad emocional más pequeña y una hernia de disco le dará problemas durante mucho tiempo, cuando de hecho se deriva del mecanismo de defensa del cuerpo que le manda mensajes avisándole que la carga y el agotamiento eran demasiados. Cuando no escuchamos las advertencias del cuerpo, éste encuentra la manera de llamar la atención y detener abruptamente su desequilibrado estilo de vida.

Por lo tanto, es importante localizar los ligeros y casi imperceptibles desplazamientos vertebrales para llegar a la conclusión adecuada. El individuo quizá necesite que un quiropráctico le ponga las vértebras en su sitio y tal vez se detenga el deterioro originado por el padecimiento.

El cuerpo recuperará gradualmente su equilibrio por medio del descanso, cambio en el estilo de vida y los patrones mentales, remedios con flores de Bach, masajes, Shiatsu y otros muchos métodos eficaces. Pero primero que nada, nos enfocaremos en detectar el desplazamiento vertebral y su estado en la espina dorsal.

Fíjese el objetivo de la verificación (revisar el estado de las vértebras del paciente y descubrir desplazamientos). Pregunte si puede hacerlo, si le está permitido y si está preparado. Después de recibir permiso para trabajar, respire lenta y agradablemente varias veces, libere su mente de emociones y pensamientos y pida a la Fuerza Universal (o el nombre que usted le dé) que lo ilumine en su trabajo. Pedir ayuda siempre es importante, en especial cuando queremos diagnosticar y tratar y cuando trabajamos con los planos de la energía, pues neutraliza al ego cuyas vibras interfieren y son perjudiciales. Nos protege para no recibir energía negativa del paciente y nos ayuda en muchas otras formas, las cuales no se discuten en este libro.

Pida al paciente que se acueste boca abajo en el piso, en un colchón o en una mesa de tratamiento. Es importante que el individuo se acueste de tal manera que la espalda y cuello queden rectos y relajados. Empiece el examen en la base del agujero occipital en la base del cráneo (la depresión ubicada en la base del cráneo de donde nace la vértebra cervical) y continúe pasando el péndulo a lo largo de la espina dorsal hasta la última vértebra del cóccix. Sostenga el péndulo sobre cada vértebra y tóquela con la mano que no tiene ocupada.

En las vértebras sanas, el péndulo tomará su posición de búsqueda y quizá se mueva en el sentido de las manecillas del reloj. Pero cuando el péndulo esté suspendido sobre una vértebra lesionada o desplazada, se moverá en sentido contrario a las manecillas del reloj o saltará con irritación. Entre más rápido y amplio es el diámetro de su movimiento, más grave es el desequilibrio producido por el problema en la vértebra. Anote la vértebra en la que el péndulo indica algún desequilibrio. Ahora, consulte con el péndulo si las vértebras requieren un tratamiento quiropráctico urgente, si otro tratamiento ayudará al problema con el disco o si el descanso es suficiente para recuperar el equilibrio.

Descubra alergias e intolerancia a los alimentos

Las alergias y la intolerancia a los alimentos son uno de los problemas más agobiantes y molestos que la gente padece en la vida diaria. El fenómeno de las alergias es muy grande y variado, y a veces, los síntomas son tan graves que el individuo tiene problemas para funcionar normalmente. Descubrir la razón de las alergias es un proceso largo, interminable y no siempre placentero, incluso en ocasiones los doctores no encuentran una respuesta clara para el causante de las alergias, el alérgeno.

Diagnóstico de alergias e intolerancia a los alimentos

El diagnóstico depende en gran medida del grado de desarrollo de la alergia. Existen tres etapas:

La etapa aguda — Ante la exposición al alérgeno o alimento problema, existe una reacción aguda inmediata y obvia y, si se pone atención a esta etapa, es fácil tratarla.

La etapa de adaptación — El cuerpo se adapta al antígeno y su respuesta se demora. Durante la etapa de adaptación, el cuerpo muchas veces desea ese alimento ("No puedo vivir sin él") y por lo tanto es más difícil identificar el antígeno. Una dieta de eliminación ayuda:

Se toma la lista de comida y se elimina determinado alimento, el cual queda estrictamente prohibido ingerir. Debemos sospechar de los alimentos que se comen regularmente y de los que tienen potencial alérgico.

La etapa degenerativa — El funcionamiento fisiológico se ve afectado de manera permanente y la adaptación fracasó, por lo general ni siquiera se considera que la persona padece una alergia pues en esta etapa se presenta alguna enfermedad. En esta etapa no puede confiarse en las reacciones normales del cuerpo a los alimentos (como en el caso de la dieta de eliminación), sino que debe existir un periodo largo en el que el individuo no se exponga al alimento, fortalezca el cuerpo y se acerque poco a poco a la comida.

La prevención y tratamiento de las alergias incluye un menú variado que nunca contiene alérgenos o los factores que producen intolerancia. Absténgase de consumir productos lácteos o de trigo (alérgenos) durante uno o dos días. Evitar los alimentos sospechosos por un periodo de cuatro meses permite retomar el menú sin consecuencias especiales siempre y cuando el alimento problema no se consuma con frecuencia. No debe existir contacto diario con los alimentos que contengan el alérgeno.

Como muchos sanadores y pacientes que sufren de alergias saben, el descubrimiento del alérgeno es la primer etapa y la más importante en la prevención y tratamiento de alergias. Este proceso es largo y tedioso y, en ocasiones, no se descubre la verdadera razón de la alergia o intolerancia a los alimentos. Las personas que padecen alergias se someten a pruebas de laboratorio costosas y difíciles que con frecuencia incluyen numerosas inyecciones, lo que dificulta el diagnóstico cuando se trata de niños. Pero también muchos adultos sufren con pruebas como la Rast (una cara técnica cuyo fin es medir el nivel de anticuerpos contra alimentos específicos. El diagnóstico funciona sólo cuando existe un mecanismo inmune), la FICA (un examen similar al Rast pero más caro y que mide todo el sistema de anticuerpos en la sangre) o la prueba citotóxica en la que se saca sangre con glóbulos blancos, se mezcla con los antígenos de ciertos alimentos y se observan en el microscopio. Si se descubre algún daño celular, quiere decir que hay una alergia. La prueba no siempre es exacta y depende de las habilidades del técnico.

El examen más común, pero el menos placentero, es la prueba Patch; la inyección de sustancias y la persona es obligada a someterse a numerosos pinchazos con agujas, pero no es confiable pues según el estado de salud, la persona no contrae la alergia y es muy incómoda. La intención es identificar padecimientos claros como alergia al polvo, a las aceitunas, al pasto o a la arena.

Los diagnósticos fuera de laboratorio se consideran más sencillos y a veces producen resultados más rápidos. Entre estas pruebas se encuentra el examen de la acupuntura eléctrica (una prueba en la que el paciente sostiene en la mano un electrodo y en una bandeja de aluminio se coloca comida y pasa por los puntos seleccionados), la prueba cinesiológica, un método que examina la resistencia muscular (por lo general la comida se pone en el cuerpo o mano del paciente y se verifica la resistencia de los músculos) o la prueba del pulso (se revisa el pulso de 15 a 20 minutos antes y después de ingerir la comida sospechosa; tiempo de absorción). Un incremento de 10 latidos del corazón generalmente es indicio de intolerancia o alergia.

Compruebe la alergia o intolerancia a los alimentos usando el péndulo

Verificar alergias o intolerancia a los alimentos utilizando el péndulo es un método similar a los que se hacen fuera de laboratorios y el paciente o el terapeuta pueden llevarlo a cabo. El principio por el que se rige este método indica, igual que en la prueba cinesiológica y la del pulso, que cuando cerca de la persona hay una sustancia que su cuerpo rechaza, éste expresará su resistencia a dicho elemento a través de varios sistemas corporales. En principio, el cuerpo conoce con exactitud las cosas que son buenas para él y cuáles le producen reacciones no deseadas.

Si usted, un miembro de su familia o uno de sus pacientes presenta algunos de los síntomas antes descritos y no se ha descubierto ninguna razón médica que explique su existencia, la primera etapa será comprobar si el origen de dichos síntomas es una alergia. Para ilustrarlo, supongamos que un paciente padece migraña.

Siéntese en una habitación en la que no haya energías inquietantes y respire lenta y profundamente. Fije su objetivo y haga las preguntas de apertura. Si el paciente no está con usted, se sugiere colocar una fotografía del mismo en la mesa frente a usted o escriba su nombre (puede incluir el de la madre) en una hoja y colóquela frente a usted.

Ahora tome el péndulo y pregunte: "¿El origen de la migraña que [nombre del paciente] padece, es una alergia?". Observe el movimiento del péndulo. Si es suave, claro y afirmativo, el origen del problema es una alergia. Si el movimiento es negativo, tendrá que descubrir la fuente de los síntomas en otro problema.

Si el péndulo no se mueve o el movimiento es irregular, ambiguo y nada suave, tendrá que aclarar la pregunta. Diga: "¿Hay alguna alergia involucrada en la migraña que sufre el paciente?". Si la respuesta es afirmativa, indica que el padecimiento tiene muchas causas, incluyendo emocionales y quizá espirituales. En ese caso, vale la pena revisar el aura del cuerpo, de la que se habla en el capítulo **Usando el péndulo para sanar**, para ubicar con exactitud otros planos que se relacionen con el origen de la migraña.

Después de descubrir que la fuente de la enfermedad, la migraña en este ejemplo, es una alergia o que una reacción alérgica tiene que ver con su presencia, haga la siguiente pregunta: "¿Es alergia a cierto alimento?". Puesto que ésta es una de las razones más comunes de las alergias, es muy posible que la respuesta sea afirmativa.

Si recibe una respuesta negativa, deberá tomar en cuenta otras cosas que no sean alimentos y las más frecuentes son polen, polvo, polvo de la casa, pino, pelo de animales, flores y fragancias florales, limpiadores, jabón y similares. Tome en cuenta el medio ambiente en el que se desarrolla el paciente; por ejemplo, si trabaja en una planta productora, pregúntele cuáles son las sustancias con las que está en contacto, directa o indirectamente, como aserrín, agentes químicos y cosas por el estilo. Sus preguntas pueden ser tan abiertas como amplio su conocimiento médico.

Diagnóstico de los alimentos que producen alergias o intolerancia

Después de descubrir que el paciente sufre de alergia a un alimento, el siguiente paso será averiguar a qué alimento(s) es alérgico el individuo. Esta revisión requiere de atención y de una investigación extensa. Pida al paciente que escriba en una hoja todos los alimentos que consume con frecuencia. Acomódelos en grupos, como usted quiera, mientras queden divididos en varias categorías. Un ejemplo puede ser: carbohidratos, proteínas, grasas, etc., o frutas, vegetales, granos, etc. Escriba en una hoja los alimentos separados en categorías. Tiene dos métodos a su disposición. Si está haciendo la verificación como autodiagnóstico, el primero es el más recomendado. En general, éste tiende a funcionar más rápido y con mayor precisión, aunque el segundo método también ha demostrado que es eficaz.

Primer método: Verificar los alimentos

Con el péndulo, empiece una revisión metódica de los alimentos. Tome el péndulo con la mano mientras uno de los alimentos está en la mesa frente a usted —una pieza o rebanada de pan, por ejemplo. Ponga el péndulo sobre la comida a revisar al tiempo que pregunta: "¿Este alimento me produce [o nombre del paciente] alergias?", o "¿yo [o nombre del paciente] presento intolerancia a esta comida?" Si el péndulo se mueve afirmativamente, entonces ese alimento contiene un alérgeno que activa el mecanismo de respuesta alérgica en usted o en el paciente o miembro de la familia. Siga verificando el resto de la comida, mucha gente tiende a ser alérgica a más de un alimento.

Segundo método: Verifique los alimentos haciendo una lista

En este método, una lista de alimentos organizada en categorías reemplaza a la verificación de la comida en sí. Escriba en una hoja de papel aquellos alimentos que la persona ingiere con regularidad. Divídalos en grupos de acuerdo con el criterio elegido (por ejemplo: carbohidratos, proteínas, etc., o vegetales, frutas, productos lácteos, etc.) Escriba cada grupo en hojas diferentes y en la parte superior ponga el nombre de la persona (algunos terapeutas también incluyen el nombre de la mamá del paciente). La lista debe hacerse según la siguiente formulación si, por ejemplo, decide dividir la comida de acuerdo con los principales grupos alimenticios. Para este ejemplo, utilizaremos el nombre de Juan, hijo de Raquel. Abajo del encabezado "Carbohidratos", incluimos los alimentos que contienen un alto porcentaje de carbohidratos.

Juan, hijo de Raquel

Carbohidratos

Pan integral	Azúcar blanca
Arroz blanco	Miel
Hojuelas de maíz	Cebada
Pan de levadura	Donas
Pastel de queso	Fideos
Dulces	Chocolate
Trigo inflado	

Ahora pase el péndulo sobre cada uno de los alimentos de la lista y pregunte: "¿El arroz es la causa de la alergia del paciente?". Si la respuesta es un "sí" débil y poco claro, haga la pregunta de manera más precisa: "¿El pan tiene que ver con el mecanismo de alergia del paciente?". (Pues es posible que haya varios componentes en el mecanismo de alergia, algunos de los cuales dependen del estado mental y físico del paciente en un momento determinado, y el pan no siempre es detonador del desarrollo de una alergia, excepto en ciertas circunstancias en las que participan diferentes mecanismos). Marque los alimentos que el péndulo señaló como causas de alergia.

Si terminó la revisión de la comida que el paciente ingiere diariamente y aún no recibe una respuesta afirmativa en cuanto al tipo de alimento que produce la alergia, tendrá que hacer una lista que incluya la comida que el paciente ingiere con menos frecuencia, pues podría ser la causa de la alergia.

Si al final de las revisiones encontró un gran número de alimentos alergénicos, tendrá que verificar si contienen un ingrediente en común que quizá sea la causa de la alergia. Por ejemplo, si descubrió que la sacarosa de una lata, la salsa catsup o el atún enlatado producen una reacción alérgica en el paciente, es posible que los conservadores sean en realidad la causa de la alergia. Compruébelo con el péndulo. Se conocen algunos casos en los que el péndulo señala casi todas las frutas y vegetales colocados en la mesa o que aparecen en la lista. Si es así, es probable que el paciente no sea alérgico a las frutas o vegetales en sí, sino a los pesticidas que no se eliminan completamente incluso después de haberlos lavado bien. En ese caso, el paciente tendrá que cambiar a frutas y vegetales orgánicos.

9

El péndulo y el desarrollo espiritual

Cómo elegir el libro adecuado

Uno de los usos más importantes que se da al péndulo, particularmente entre aquellos a quienes les interesa el campo de la metafísica, la sanación, la Kábala, la clarividencia y otros campos de la Nueva Era, es la selección correcta de libros sobre el uso del péndulo. Hoy en día, conforme entramos a la Nueva Era en la que la conciencia y la espiritualidad poco a poco se convierten en terreno exclusivo de más y más gente, el número de libros que abarca los diversos campos del desarrollo espiritual, la expansión de la conciencia y la metafísica, está creciendo a gran velocidad. El problema es que no todos provienen de la misma fuente infinita de verdad y luz, y muchos contienen información confusa, errónea y engañosa.

Las personas que están alimentando su desarrollo espiritual deben aprender a elegir sólo los libros que contengan conocimientos verdaderos libres de influencias e intereses especiales y que sean especialmente apropiados para su desarrollo espiritual actual. Para evitar la información superflua y engañosa, use el péndulo cuando vaya a comprar o pedir prestado un libro. La técnica es muy simple —lo que tiene que hacer es sostener el péndulo sobre el libro que desee y pregunte: "¿Este libro es adecuado para mi desarrollo espiritual?", o "¿está bien que lea este libro?". Así también sabrá cuál de entre varios libros del mismo tema será el más adecuado para que lo compre.

Elija un maestro

Cuando vaya a elegir un maestro o instructor en cualquier ámbito, y sobre todo en el campo de la metafísica, la compatibilidad entre usted y el maestro o el grupo con el que planea trabajar y desarrollarse es de vital importancia. Muchos maestros de las áreas de lo oculto no tienen capacitación específica y esto se debe a que es muy difícil saber cuál es la capacitación requerida en dichas áreas. Hay maestros maravillosos que reciben sus dones de los Poderes Superiores y son maestros que, a través de su desarrollo espiritual, aprendieron a transmitir información y a alentar el crecimiento y el desarrollo de otras personas.

Por otro lado, como en cualquier área, también existen los charlatanes. Mucha gente ingresa a grupos que abarcan varias áreas de la metafísica y la conciencia, que van desde yoga hasta la Kábala. A veces un maestro charlatán, que no está consciente o tiene otros intereses diferentes a los de seguir su destino y ayudar a los demás en su desarrollo, puede alejar a los individuos del verdadero camino que deben seguir. A veces la elección de un maestro se lleva a cabo con base en las recomendaciones de los amigos, publicidad y testimoniales. No siempre ése es el maestro adecuado para usted en esa etapa de su desarrollo.

Cuando vaya a decidirse por un maestro o grupo, haría bien en recurrir a la ayuda del péndulo. El método más sencillo es escribir los nombres de los maestros o grupos en una hoja y sostener el péndulo sobre cada uno preguntando: "¿Éste es el maestro [o grupo] adecuado para mí?". Si la respuesta del péndulo es afirmativa para más de un maestro o grupo, pregunte: "¿Este maestro [o grupo] es el mejor para mí?". Quizá se sorprenda al descubrir que maestros bien reconocidos y respetables en su profesión producen una rotunda respuesta negativa ante el péndulo, mientras que los maestros menos reconocidos y familiares originan una respuesta afirmativa. Esto no necesariamente significa que tales maestros sean charlatanes o no sean adecuados para enseñar esa profesión, sino que el maestro elegido tal vez tenga más que ofrecerle en esta etapa de su vida o que la compatibilidad personal y la química que debe haber entre ustedes tal vez sean mayores y más significativas. Esta técnica también es, por supuesto, excelente para elegir una escuela o universidad.

El péndulo y la meditación

La meditación es un estado en el que el cerebro descansa de los pensamientos o emociones y se concentra en una idea u objeto en particular. Las varias etapas de la meditación llevan al cerebro al estado de las ondas alfa, el cual se experimenta momentos antes de dormir y en el que el cerebro funciona a diferente velocidad y con mayor sensibilidad para aceptar las cosas que durante los estados de vigilia comunes.

Se sabe que la meditación contribuye a una vida sana y serena, libera tensión, calma emociones negativas, incrementa la creatividad y la capacidad de concentración.

Además, el estado de relajación que tiene efecto positivo en el sistema nervioso también afecta al tono muscular y hace que los músculos se relajen, lo que fortalece al cuerpo y permite que se relajen y renueven sus órganos. La meditación es una de las herramientas más importantes para el desarrollo y crecimiento espiritual.

Existen muchos métodos de meditación. Básicamente todos incluyen la respiración consciente (concentrarse en ella y varias técnicas de respiración), relajamiento del cuerpo y paz mental. Hay métodos que se concentran en el uso de mantras, se enfocan en partes del cuerpo o chakras, meditación dinámica —movimiento, meditaciones auditivas, meditaciones hipnóticas y una gran variedad de formas de meditación.

Debido a las diferencias que existen entre los seres humanos, la meditación adecuada para una persona quizá no lo sea para otra.

Además de la inversión de tiempo y esfuerzo para lograr un estado meditativo que quizá ayude muy poco a la persona, hay tipos de meditación que abren ciertas puertas de la conciencia del individuo que deberían permanecer cerradas o le toma mucho tiempo lograr un estado meditativo, pues le es imposible alcanzarlo en ese momento. Debido a ello, es importante que use el péndulo cuando esté interesado en elegir la meditación adecuada para usted. Además, el péndulo debe usarse para determinar cuánto tiempo meditar y el lugar de la casa más adecuado para hacerlo. Esto es de gran importancia porque durante la meditación, la sensibilidad de la persona para absorber cosas es mayor. Si un individuo medita en un lugar donde previamente hubo energías negativas, es probable que penetren en su campo electromagnético, en especial si no tiene experiencia y práctica en meditación. La duración de ésta también es muy importante. Cuando un principiante medita más allá de los límites de su capacidad, le pasa lo mismo que a un atleta principiante que corre demasiado y agota sus músculos. Recurra al siguiente método para determinar el tiempo de meditación adecuado para usted:

Dibuje un reloj dividido en sesenta minutos, puede hacerlo en grupos de cinco. Después de fijarse el objetivo de autoverificación, hacer las preguntas básicas para antes de usar el péndulo ("¿Puedo hacer esta pregunta?" "¿Tengo permiso?" "¿Estoy listo?") y vaciar su mente de todas las emociones y pensamientos, coloque el péndulo sobre el dibujo del reloj, en la línea de los primeros cinco minutos y pregunte: "¿Puedo meditar cinco minutos?". Si la respuesta es afirmativa, continúe: "¿Puedo meditar diez minutos?" y así sucesivamente. Cuando el péndulo haga un movimiento negativo, ha llegado al tiempo límite de su meditación.

Existe una maravillosa relación entre el uso del péndulo y la meditación. En muchos aspectos, usar el péndulo es como meditar, pues se requiere de concentración, relajamiento del cuerpo y despegarse de los sentimientos y emociones. Por lo tanto, la meditación le ayudará a desarrollar sus habilidades para usar el péndulo, mientras que el uso regular del péndulo le ayudará a lograr con mayor facilidad un estado de meditación.

10

El péndulo y la astrología

Primera etapa: Determinar el signo zodiacal de la persona

Uno de los problemas más conocidos de la astrología es la información relacionada con la hora **exacta** del nacimiento. El péndulo permite encontrar los datos faltantes con mucha precisión y hacer un mapa astrológico preciso y confiable.

Coloque frente a usted una hoja de papel en la que aparezcan en orden los signos del zodiaco. El símbolo de cada signo debe estar a su lado. En la parte superior de la lista de los signos y su símbolo escriba el primer nombre de la persona.

Para darle un ejemplo, usaré el nombre de Enrique.

Enrique

Aries	Libra
Tauro	Escorpión
Géminis	Sagitario
Cáncer	Capricornio
Leo	Acuario
Virgo	Piscis

Después de establecer el objetivo y hacer las preguntas de apertura, sostenga el péndulo y páselo sobre cada uno de los signos preguntando: "¿Éste es el signo de Enrique?", o "¿Enrique es Tauro?" y así sucesivamente, hasta que el péndulo haga un movimiento afirmativo sobre el signo del individuo.

Segunda etapa: Encontrar el signo ascendente de la persona

Para conocer el ascendente de la persona, repita la primera etapa exactamente de la misma manera, pero la pregunta que hará es: "¿Enrique nació bajo el ascendente de Capricornio?", o "¿Enrique nació con ascendente en Tauro?" y así sucesivamente, hasta que el péndulo dé una respuesta afirmativa.

Ahora lo que resta hacer es descubrir el ángulo exacto del sol en el signo.

Tercera etapa: Descubrir el ángulo del sol en el signo

Para descubrir el ángulo del sol, escriba el nombre de la persona en la hoja y debajo escriba los números del 1 al 30 de la siguiente manera:

Enrique

1	6	11	16	21	26
2	7	12	17	22	27
3	8	13	18	23	28
4	9	14	19	24	29
5	10	15	20	25	30

Tome el péndulo y páselo por los números al tiempo que se concentra fuertemente en cada uno y piense en ellos de manera consciente. Pregunte: "¿Éste es el ángulo de elevación?". Cuando encuentre el ángulo correcto, el péndulo girará en un movimiento afirmativo.

Esta información le ayudará a encontrar el signo zodiacal, el ascendente y el ángulo de elevación del sol. Haciendo esto descubrirá muchos rasgos de su personalidad [o la de la persona], pistas y explicaciones, incluyendo la personalidad negativa y verá que ciertos rasgos que quizá se consideren fallas personales en realidad provienen del signo bajo el que usted [o la persona] nació. Es más fácil identificar y corregir esas fallas cuando no lo hace con cargo de conciencia y está consciente de que a pesar de que la posición de las estrellas en el cielo sea una de sus causas, tiene el poder de cambiar esas características si tan sólo se lo propone.

El mapa astrológico (horóscopo), a pesar de sus muchas ventajas, padece una grave falla: Es capaz de ofrecer a la persona información confiable sobre sí misma y sirve como una excelente herramienta de diagnóstico, pero aquí, en esencia, su papel parece terminar. Dice a la persona sus rasgos y hábitos, pero no le da los instrumentos necesarios para hacer los cambios deseados. Y así, por cientos de años, el horóscopo sólo sirvió como herramienta de diagnóstico, sin que el astrólogo pudiera desarrollar nada más que eso y pudiera transformarla también en utensilio terapéutico. Ahora que los astrólogos empiezan a usar el péndulo como instrumento complementario para la preparación de horóscopos, esta ciencia ha avanzado hasta un punto que en el futuro podría convertirse en una combinación de diagnóstico y tratamiento.

Con respecto a los planetas y sus características, descubriremos que cada planeta tiene rasgos muy claros que se reflejan en la naturaleza de la persona que nació bajo ese signo. Los planetas tienen principios propios y un camino de energía que emana de ellos y afecta el alma de la persona. La salud física y emocional, como microcosmos, depende de la composición armoniosa y la cooperación equilibrada entre los componentes de esta energía. Cuando dicho equilibrio se altera, la persona carece de balance físico o mental.

Ya en épocas antiguas, a los planetas se les atribuía influencia en órganos o sistemas del cuerpo humano, en sus funciones o en las funciones mentales. Si aceptamos la premisa de que el hombre es un reflejo del universo, nos será fácil comprender que una simple falta de armonía entre los planetas de los cielos y sus órbitas afecta al universo —esta desarmonía se manifiesta como desequilibrio entre elementos y "órganos" del universo, a través de temblores, inundaciones, tormentas, incendios y similares (las grandes inundaciones, por ejemplo, son el elemento agua conquistando al elemento tierra)— así que el desequilibrio en la energía de los planetas en el cuerpo y la mente de los seres humanos origina conflictos entre diferentes elementos y en el funcionamiento de los órganos del cuerpo.

Como los sabios y antiguos filósofos, que tenían mucha experiencia en astrología, dirían: "Como es arriba, es abajo". Llegaron más lejos y determinaron que si una persona se centra en aprender sobre sí misma como microcosmos del universo, también logrará una comprensión total de la maravilla que es el universo.

11

Usando el péndulo para sanar

Detectando bloqueos

Como podemos comprobar con nuestros ojos en este mundo aparentemente "físico", las líneas de flujo o evolución se encuentran con algunos obstáculos en su sendero. Una persona que va caminando y se topa con una gran piedra en el camino busca la manera de rodearla, algo que sin duda provoca que se desvíe de su ruta original. Lo mismo sucede con una fuerte corriente de agua que sortea y rodea los diferentes obstáculos que encuentra a su paso. La desviación del agua de su curso por los obstáculos en el camino crea un tipo de pequeña isla alrededor de la cual fluye el agua, al tiempo que disminuye la velocidad de su corriente. De igual manera, el flujo de agua dentro de una pipa en la que hay algún tipo de bloqueo origina que ésta se ensanche. Si el agua no se libera, la pipa explota. Igual sucede con la energía.

Una de las metas básicas de la sanación es la eliminación de los bloqueos que existen en el cuerpo humano. Esta energía, de nombre "chi", la fuerza de la vida o energía electromagnética, fluye en la red individual de energía de la persona, de la misma manera que la sangre corre por el sistema circulatorio. Cuando se presenta un bloqueo en éste, se origina un problema de salud. La solución está en liberar el bloqueo a través de dietas, actividad física o, en casos más graves, una cirugía de *bypass*. Es lo mismo cuando se bloquea el sistema de energía de la gente.

Los bloqueos de energía se manifiestan en todas las áreas de la vida, desde la salud física, mental y espiritual hasta que el individuo se vuelva propenso a accidentes, tenga mala suerte y encuentre parejas sentimentales, trabajos o amigos que no son para él y lo debilitan. En otras palabras, cuando un bloqueo espiritual afecta el campo electromagnético de la persona, sus acciones se manifiestan en todos los niveles.

Mucha gente se emociona al descubrir que después de varios tratamientos de sanación —a veces incluso después de uno solo— su vida cambia enormemente. Uno de los motivos es la liberación de los bloqueos, resultados que se ven en la vida diaria, en los estados físico y mental, en las relaciones, en la carrera y en un sentimiento en general muy mejorado.

Usando el péndulo para localizar bloqueos de energía

Antes de usar el péndulo para sanar, retomemos las reglas básicas discutidas en el capítulo "Reglas para usar el péndulo". Limpiar el péndulo antes de trabajar con él es de vital importancia, especialmente entre un tratamiento y otro. El cuerpo humano irradia energía y ésta no debe radiarse al cuerpo del paciente. Para evitarlo, debemos limpiar el péndulo sosteniéndolo bajo el chorro de agua, colocándolo en un contenedor de cuarzo y, si el sanador tiene experiencia en la activación del poder de la mente, también puede limpiarlo con ese método.

Una regla importante: El sanador debe recordar que es un instrumento de la energía cósmica para transmitirla a la tierra. No debe olvidar que sólo es un conducto y que las energías que pasan a través de él son energías cósmicas supremas y no las suyas. Él no "da" o "recibe" energía, sino que sirve como canal de la energía divina. Es muy importante que se libere de todas sus emociones y pensamientos antes de iniciar el tratamiento y proteja su aura. Una protección adecuada, que tiene que ver con cubrirse de energía, es la imagen de un rayo de luz dorada que desciende del cielo, entra por la corona del sanador, desciende por su columna vertebral y abandona el cuerpo a través del cóccix hasta llegar al suelo y conectarse con la tierra. Una vez en ella, el rayo de luz se refleja hacia arriba envolviendo al sanador en una elipse de luz dorada. El sanador inhala desde la elipse y exhala hacia afuera de ella. Debe pedir amor y guía. La técnica de cubrirse con energía y protección también se aplica al paciente (el sanador se ve a sí mismo, en su ojo mental, rodeado por una luz dorada oval). Bajo ninguna circunstancia el sanador y el paciente deben estar rodeados por la misma elipse de luz.

Pida permiso para tratar

Una etapa importante antes de empezar la sanación es pedir la autorización del paciente. Incluso aunque la sanación vaya a realizarse desde lejos, debe pedirse permiso al paciente para tratarlo. Si no está seguro de que éste entienda el proceso de sanación, pídale permiso para enviarle energías sanadoras o para rezar por él o explíqueselo de manera que le entienda. Así como no entramos a una casa a la que no nos han invitado, también es mejor no "interferir" con las energías de otra persona sin pedirle permiso de antemano. Si el paciente está muy débil o enfermo para responder, pida autorización a un familiar.

En caso de que no tenga posibilidades de ponerse en contacto con la persona a la que le interesa tratar o revisar desde lejos, pida permiso a las fuerzas del universo para sus acciones y solicite su ayuda. Revise las reglas para afinar el péndulo que se describen en el capítulo "Reglas para usar el péndulo" y ponga especial atención a la pregunta: "¿Tengo permiso para tratar a esta persona?" y a la respuesta del péndulo.

Localización de bloqueos y agujeros en el aura

Antes de empezar el proceso de sanación y revisión, tómese más tiempo para conectarse con la fuerza universal, o como quiera llamarle, para protegerse, vaciarse y llenarse, y asegúrese de hacer las preguntas: "Me interesa revisar si existen bloqueos o agujeros en el cuerpo del paciente. ¿Puedo hacerlo? ¿Tengo permiso? ¿Estoy listo?".

Ahora, después de recibir respuestas afirmativas a las preguntas, pida al paciente que se recueste boca arriba en el piso, en un colchón o en una cobija. Algunos sanadores dicen que durante el proceso, la mano izquierda debe colocarse en la parte superior del cuerpo del paciente. Para hacerlo, siéntese del lado izquierdo de él. Muchos sanadores lo ayudan a relajarse con la técnica de "mecedora": Coloque su mano derecha en el cóccix del paciente y la izquierda en la séptima vértebra cervical (la primera vértebra localizada entre la nuca y el resto de la espina dorsal) y empiece a mecer al paciente con movimientos ligeros y suaves. Pídale que respire despacio, profunda y tranquilamente. Asegúrese de que durante el tratamiento, su propia respiración sea profunda, tranquila y consciente. Si el paciente no está tan relajado, dígale que se enfoque en su respiración. Concéntrese y pida a la fuerza del universo que le ayude a convertirse en un canal para la sanación.

Con una mano tome el péndulo y coloque la otra en la columna vertebral del paciente, en la séptima vértebra cervical. Pase los dedos lentamente por cada una de las vértebras, por toda la espina dorsal hasta el cóccix del paciente. Preste atención a los movimientos del péndulo. Si el estado de la columna vertebral es bueno, el péndulo girará en la posición de búsqueda. En cuanto localice un sitio en el que el equilibrio esté alterado, el péndulo dejará esa posición para hacer otro movimiento. No importa la señal que produzca el péndulo, en el momento en que deje su posición de búsqueda significa que existe un agujero o bloqueo en esa zona de la espina dorsal. El péndulo seguirá moviéndose hasta que encuentre el final del agujero o bloqueo y recuperará su posición de búsqueda hasta que localice otro agujero o bloqueo. Fíjese donde están éstos. Deténgase cuando llegue al cóccix.

Procedimiento para equilibrar los chakras usando el péndulo

Si tiene experiencia usando cuarzos, es mejor que use un péndulo de cuarzo en este caso. El cuarzo blanco es excelente para este propósito, pero debe limpiar muy bien el péndulo antes y después de usarlo.

Una vez que declaró su objetivo y verificó su capacidad para realizar la labor, recibió permiso para hacerlo y esté listo, libérese de emociones y pensamientos y llénese con la energía universal, protéjase, pida ayuda y poder al universo. Diga al paciente que se acueste boca arriba sobre una superficie plana como el piso, un colchón o algo parecido.

Coloque el péndulo sobre el quinto chakra, el chakra base. El chakra base de las mujeres por lo general tiene polaridad yin (negativa), mientras que el de los hombres tiene polaridad yang (positiva). Cuando sostenga el péndulo sobre el chakra base de un hombre, el péndulo dejará su posición de búsqueda y girará afirmativamente durante algunos segundos.

Cuando el péndulo recobre su posición de búsqueda querrá decir que el chakra está balanceado (el equilibrio no siempre es completo, pues cada persona recibe cierta cantidad de energía y a veces tendrá que repetirse el procedimiento en otra ocasión; en cualquier caso, cuando el péndulo vuelva a su posición de búsqueda, usted debe pasar al siguiente chakra). Lentamente diríjase hacia arriba, hasta que el péndulo se encuentre sobre el chakra sexual del paciente. El péndulo dejará su posición de búsqueda y su movimiento será opuesto al que presentó en el primer chakra (en los varones, movimiento negativo —yin—

y en la mujeres positivo —yang—). Cuando el chakra haya recibido el equilibrio máximo que puede recibir en ese momento, el péndulo volverá a su posición de búsqueda. Continúe con el siguiente chakra, el tercero. Recuerde que la polaridad se alterna de un chakra a otro, según el género del individuo. Si el péndulo permanece en su posición de búsqueda en un chakra determinado, continué con el que sigue. Por alguna razón, ese chakra no se equilibrará en ese momento.

Cuando termine de balancear los chakras, dé gracias a la fuerza universal por permitirle ser el canal de la luz y agradezca al paciente.

Detectando bloqueos sin que la persona esté presente en la habitación

La detección de bloqueos debe llevarse a cabo en una habitación adecuada, limpia, bien ventilada y libre de energías no deseables. Después de elegir la habitación correcta y usar un péndulo adecuado y limpio, el sanador hará un esquema del cuerpo humano y en la parte superior de él escribirá el nombre de la persona y el de su madre. Para ilustrarlo, usaré el nombre de David, hijo de Margarita.

El sanador coloca el dibujo sobre una mesa limpia y vacía o en otra superficie y esparce muestras tomadas del cuerpo de la persona que va a tratar. Dichas muestras pueden ser pequeñas porciones de cabello, piel, uñas, saliva, sangre, etc. Si el sanador tiene buenas capacidades visuales o auditivas, puede visualizar la imagen del paciente ante él unos minutos o "escuchar" su voz. Si logra ponerse en sintonía de tal manera con el paciente, este método reemplazará a las muestras. Ahora, sin hacer preguntas, el sanador pasa el péndulo sobre las diferentes partes del cuerpo dibujado en el esquema.

Por lo general, es tradición primero pasar el péndulo por las extremidades y después por la línea de los chakras (base, sexo, plexo solar, corazón, garganta, tercer ojo y corona —sobre la corona de la cabeza). En esta etapa, el sanador observará los movimientos del péndulo y discernirá dónde gira positivamente y dónde negativamente (según lo haya programado).

Con esta técnica, es más fácil usar un péndulo programado con movimientos positivos y negativos siguiendo las manecillas del reloj o en contra de ellas, un movimiento en línea recta significa que la energía está atorada y en este caso debe detenerse, concentrarse y volver a intentarlo. Los sanadores con experiencia sugieren pasar el péndulo por todo el cuerpo tres veces y fijarse en la(s) región(es) en la(s) que el péndulo gira de manera negativa. Ésas son las áreas del cuerpo del paciente en las que hay bloqueo de energía.

Después de que el sanador haya localizado las áreas bloqueadas, tendrá que hacer una lista de las partes del cuerpo u órganos localizados en esas zonas. Por ejemplo, si hay un bloqueo en el área del chakra de la garganta, el sanador debe anotar la glándula de la tiroides, las cuerdas vocales, la tráquea, el esófago, las glándulas paratiroides, etc. Para hacerlo, necesita el mayor conocimiento posible, además de conocer las conexiones entre los chakras, los meridianos y las diferentes partes del cuerpo. Para ello, se recomienda usar un atlas de anatomía o algún libro de medicina interna.

Para ilustrarlo, supongamos que el bloqueo se localiza en la zona del pecho. El sanador debe hacer una lista que incluya corazón, pulmones, senos, músculos intercostales, etc., y por supuesto los huesos, los principales vasos sanguíneos y las glándulas endocrinas.

Coloque la lista sobre el diagrama del cuerpo humano. El sanador debe tomar el péndulo y pasarlo por cada una de las palabras preguntando: "¿El bloqueo de energía está ubicado en este órgano/parte?" La respuesta negativa del péndulo indica que el órgano está sano y la respuesta afirmativa sugiere que en esa parte hay un bloqueo u otro problema. El sanador, por lo general, descubrirá que hay varios órganos bloqueados.

Ahora, para obtener información más específica sobre el tipo de problema, el sanador se concentra en un órgano determinado, pide guía y, mientras sostiene el péndulo, pregunta: "¿Este órgano padece algún exceso?" "¿Este órgano presenta alguna deficiencia?" y así sucesivamente. Si el sanador posee conocimientos médicos o tiene libros sobre la función de los órganos, obtendrá respuestas más precisas sobre la naturaleza del problema.

Por ejemplo, si identificó una situación anormal en la glándula tiroides, pregunte: "¿La glándula presenta exceso de actividad?" "¿La glándula presenta decremento de actividad?" "¿El problema proviene de la radiación?" etc. Además, vuelva a verificar los sistemas relacionados con el órgano afectado. Si, por ejemplo, el problema está en la glándula tiroides, pase otra vez el péndulo por la cabeza del paciente para ver si hay vibras negativas en la región de la glándula pituitaria, o escriba el nombre de la glándula endocrina en una hoja y pregunte: "¿El origen del problema se localiza en la glándula pituitaria?".

La ventaja de este método es que no es necesaria la presencia del paciente en la habitación y puede llevarse a cabo a distancia, por supuesto. Si el sanador está bien concentrado, en contacto con su intuición y tiene conocimientos médicos, su diagnóstico será parecido al diagnóstico médico en todos sentidos, sin las molestias y las muchas complicaciones implícitas en un diagnóstico de ese tipo. Debe recordarse que en ciertos casos, el diagnóstico con péndulo no reemplaza al diagnóstico médico. El sanador debe estar consciente de que si descubre un problema en particular que también requiera de atención médica, debe mandar al paciente a realizarse el chequeo médico correspondiente para confirmar sus sospechas.

Además, el sanador debe ser extremadamente sensible y saber dar la noticia al paciente. Si el sanador tiene la bendición de contar con una buena capacidad de visualización y conexión, pasará a una etapa adicional del tratamiento: Visualizará al paciente acostado o sentado frente a él, con las palmas de las manos le transmitirá energía mientras se concentra en las áreas problema; puede hacer los movimientos de extracción e infusión de energía, limpieza y vigorización, apropiados para el problema.

Una ventaja adicional de este método es que las vibraciones que el péndulo despide mientras pasa por el diagrama, en especial si el sanador está en sintonía con el paciente, ayudan a abrir los bloqueos de energía, a que ésta corra y a mejorar la cubierta del aura.

El mismo método se usa en presencia del paciente, quien se acuesta relajado en una cama. Según las reglas de sanación antes mencionadas, el sanador pasa el péndulo por el cuerpo del paciente igual que lo hizo en el diagrama y hace las preguntas. Es mejor limpiar el aura del paciente antes del tratamiento y pedirle que se concentre en su respiración para que no despida energías de emoción, ansiedad u otras, que interfieran con el proceso de diagnóstico. Este método puede usarse en presencia del paciente usando el diagrama y, por lo tanto, no se necesitarán las muestras. Los sanadores elegirán el método que más les convenga, con motivación pura y devoción hacia su trabajo.

Ubicación de bloqueos en los diferentes cuerpos

Para obtener información más detallada sobre la esencia del problema del paciente o como técnica en beneficio propio (particularmente útil cuando el paciente no presenta síntomas físicos y la mayoría de sus problemas se concentran en el plano mental o espiritual y aún no se manifiestan en el físico), el terapeuta recurre a la técnica de ubicación de bloqueos y desequilibrios en los diferentes cuerpos.

Con este método, se revisan los cuatro cuerpos principales: físico, etéreo, emocional (astral) y mental (aura mental). Algunas personas lo complementan e incluyen cuerpos adicionales, pero aquí se presenta de manera más sencilla.

El terapeuta escribe en la parte superior de una hoja el nombre del paciente. Si recurre a este método como la continuación de un diagnóstico previo, también escribe abajo del nombre del paciente el nombre del órgano donde encontró el problema. Si descubrió alteraciones en más de un órgano, debe hacer un diagrama adicional para cada uno. El terapeuta escribe los nombres de los cuerpos abajo del encabezado:

Cuerpo físico
Cuerpo etéreo
Cuerpo astral
Cuerpo mental

Después de que el terapeuta se limpió de pensamientos y emociones, declaró su objetivo e hizo las preguntas iniciales, señala con la mano izquierda (o con la derecha, si es zurdo) el cuerpo físico y sosteniendo el péndulo con la otra, pregunta: "¿Está sano el cuerpo físico del paciente?". Si el movimiento del péndulo es afirmativo, indica que el cuerpo físico está bien y si el movimiento es negativo, es porque hay un problema.

Si el terapeuta usa esta técnica como continuación de la primera y escribió el nombre del órgano afectado abajo del nombre del paciente, preguntará: "¿La esencia del problema está en el cuerpo físico?". Hay terapeutas que no hacen preguntas, sino que pasan el péndulo sobre las palabras "cuerpo físico" mientras observan los movimientos. Si gira afirmativamente, el bloqueo se localiza en el nivel físico. También debe prestarse atención a las vibraciones del péndulo —más fuertes, más rápidas, débiles, de diámetro más amplio o más angosto. Esta observación es importante porque, como ya se mencionó, el problema puede tener lugar en uno de los diferentes cuerpos o en todos y por lo tanto, es importante la fuerza con la que el péndulo indica la existencia de un problema en ellos.

El terapeuta repetirá la revisión en los otros tres cuerpos. Hay que recordar que el problema en un órgano determinado en el cuerpo físico puede aparecer también en los otros tres niveles. Si el péndulo indica algún problema sólo en un cuerpo, el estado de salud del paciente es relativamente bueno. Una alteración en dos cuerpos hace evidente la necesidad de mejorar. Un problema en los tres cuerpos sugiere alguna alteración más básica o en curso que ya llegó a más niveles. Primero que nada, se recomendará al paciente mucho descanso para darle tiempo para rehabilitar sus auras y la fuerza vital que fluye dentro de él, así como evitar la exacerbación del problema y la negatividad de los cuerpos.

Cuando los cuatros cuerpos padecen negatividad —deficiencia, excesos o bloqueos— es una emergencia. Si repetimos la revisión varias veces (de preferencia en periodos de varios días o más) y volvemos a obtener los mismos resultados, es señal de que el paciente está a punto de derrumbarse. En general, entre más cuerpos afecte un problema, más grave es la situación del individuo.

Si ya revisamos cierto órgano (es decir, escribimos el nombre del órgano problema en la parte superior de la lista abajo del nombre del paciente) y sabemos, a través de la primera técnica, que hay un problema en él y aun así obtenemos una respuesta diferente (o sea, que el órgano está bien) y no encontramos bloqueos en esta revisión, existen varias razones para ello:

* Es posible que hubiera un error en la revisión. Para comprobarlo, repítala el mismo día o al siguiente.

* El sanador debe verificar su grado de concentración y observación. Le conviene descansar y relajarse antes de repetir la revisión.
* Quizá el proceso de diagnóstico con péndulo liberó el bloqueo de energía (en especial si el sanador utilizó un cuarzo o un cristal adecuado para el paciente y su problema).
* Es probable que otro órgano bloqueado emita una fuerte radiación que afecte al que estamos revisando, por ejemplo, la radicación de la glándula pituitaria hacia la tiroides o la influencia de un órgano vecino como el hígado o la vesícula biliar. Por lo tanto, necesitamos revisar los demás órganos asociados al problema y llegar a una conclusión sólo después de una exhaustiva revisión.

Después de recibir respuestas claras con respecto a la esencia del problema y que sepamos qué órganos tienen bloqueos y en qué cuerpos se localizan, trataremos al paciente de acuerdo con esa información.

En el caso del cuerpo físico, recurriremos a métodos físicos como dietas, actividad física, masaje, Shiatsu, reflexología, hierbas sanadoras y tratamiento médico, según sea necesario.

Cuando se trate del cuerpo etéreo, lo trataremos usando el movimiento, la meditación dinámica, la respiración consciente, baños aromáticos, mucho descanso, luz del sol y aire fresco.

El cuerpo emocional recibirá terapia del arte y del color, remedios con flores de Bach, técnicas para la liberación y salida de emociones negativas, técnicas de relajación y consolidación de un ambiente social generoso y de apoyo.

En el cuerpo mental, en cuyo caso la terapia será más larga y pesada, se tratará la expansión de la autoconciencia. A veces, los problemas de este cuerpo se originan por ideas o análisis excesivos, la autocrítica y pensamientos negativos.

Es muy importante localizar los patrones de pensamientos negativos que usa el paciente y que se diagnostican según el órgano afectado. (Es buena idea consultar el excelente libro de Louise Hay *Tú puedes sanar tu vida* y la tabla que aparece al final del mismo).

Además, ejercicios de relajación y ejercicios para activar el hemisferio derecho del cerebro ayudan en este caso. Si el estado del cuerpo mental continúa negativo, el paciente deberá cooperar y realizar un esfuerzo consciente para deshacerse de los patrones mentales negativos a los que aparentemente es propenso.

El tratamiento y diagnóstico usando el péndulo permite tratar a la persona (o a nosotros mismos) como una unidad única y completa. Es más fácil para el sanador usar el péndulo para el diagnóstico e incrementa la precisión del mismo.

Colores que combinen con los del aura

Como sabemos, las auras contienen todos los colores del espectro en diferentes combinaciones. El cuerpo astral tiene un tenue equilibrio de colores y mientras dicho balance se conserve, la persona se sentirá sana y tranquila. Cuando se altera este equilibrio, surgen diferentes enfermedades, así como varios tipos de molestias, humores cambiantes y cansancio o nerviosismo general.

Si se encuentra en esa situación y no ha logrado descubrir la causa de los cambios de humor o la razón de la fatiga y debilidad repentinas, es posible que se haya alterado el equilibrio entre los colores de su aura. Para comprobarlo, lleve a cabo una simple revisión. Haga una lista de colores sin escribir su nombre junto a ellos. Una vez más, es preferible que escriba el nombre de los colores con una pluma del mismo color que ellos.

Después de liberarse de pensamientos y emociones, hacer las preguntas de inicio y respirar lenta y profundamente, coloque el péndulo sobre cada uno de los colores y pregunte: "¿Me hace falta el verde?" "¿No tengo rosa?" y demás. Marque los colores a los que el péndulo ha respondido afirmativamente y continúe con la revisión. Tal vez descubra que le faltan varios colores.

De vez en cuando, después de una tormenta emocional, una pelea, una discusión o la reacción a noticias penosas, descubrirá que carece de muchos colores e incluso a veces de todo el espectro.

Una vez identificado el color(es) que le hace(n) falta, remedie la situación usando ropa de dichos colores, acostándose o sentándose frente a una lámpara que dé luz de color (puede tomar una lámpara común de mesa y pintar el foco del color que necesita o envolverlo en papel celofán del dicho color). Siéntese o recuéstese frente a la lámpara durante algunos minutos, según lo sienta. Si no sabe cuánto tiempo es el recomendable, verifíquelo haciéndole la pregunta al péndulo.

Una manera más sencilla de obtener el color que le hace falta es liberar su mente de emociones y pensamientos, respirar profunda, lenta y suavemente mientras va hundiéndose en un estado de meditación, cierre los ojos y pida a la energía de Vida Infinita que le mande el color que necesita. Si está muy conectado, éste aparecerá ante sus ojos cerrados y visualizará cómo lo envuelve y lo rodea, impregnando su cuerpo y llenándolo hasta que salga de éste y lo rodee con una elipse de brillante luz de color. Repita dicha técnica con todos los colores faltantes, descansando un poco entre uno y otro. Es posible que vea que muchos colores le llegan al mismo tiempo, cada uno con diferente cantidad de tiempo. Algunas personas que probaron este método cuando carecían de todo el espectro, dicen que recibieron una luz blanca pura y limpia. Esto se debe a que en el blanco están contenidos todos los colores. Conectarse a la Energía Infinita con seguridad y fe asegura que los colores le lleguen en la medida y frecuencias correctas. Si tiene problemas para aplicar esta técnica, pida a un amigo querido y abierto que se siente frente a usted, se libere de ideas y emociones, solicite ayuda a la Energía Infinita, se concentre en una hoja o pedazo de papel celofán del mismo color que le hace falta y visualice cómo usted recibe el rayo de color y lo envuelve. Si su solicitud de ayuda es sincera y la otra persona tiene la capacidad de conectarse con la Energía Cósmica, se dará cuenta que no necesita la hoja de color y el rayo aparece ante sus ojos y lo transmite a usted.

Otro método es meditar al tiempo que visualiza el nombre del color —las letras de la palabra— escrito en el mismo color.

Así, como ha visto en este capítulo, las posibilidades de usar el péndulo con propósitos de sanación y desarrollo espiritual son muchas y variadas. Después de practicar el uso del péndulo durante un tiempo, trate de hacerlo en otras áreas relacionadas con el desarrollo espiritual, mientras descubre por sí mismo las técnicas antiguas/nuevas. Si es un sanador que recibe pacientes, descubrirá que las posibilidades de usar el péndulo son casi infinitas.

Para concluir, ésta es la historia de Susana, reflexóloga a la que el péndulo ayudó a conquistar una meta un tanto fuera de lo común, como a veces sucede.

Susana, una joven reflexóloga, hizo su servicio social en un centro de rehabilitación para drogadictos. Descubrió que su trabajo beneficiaba a los tres pacientes que tomó ante la maravillosa solicitud del director de la institución. Se dedicó a su trabajo como voluntaria y encontró una gran satisfacción en él. Las vidas turbulentas de los adictos en recuperación y sus sinceros intentos por rehabilitarse le llegaron al corazón. Se dio cuenta que sus tratamientos los ayudaban desde el punto de vista mental como del de la salud, pues a partir de la abstinencia, empezaban a sentir los terribles efectos de la droga y padecían horribles problemas. En poco tiempo hubo una brecha muy grande entre el avance físico y mental de sus pacientes y los del resto de la institución.

Las palabras de Susana y el éxito de sus tratamientos pronto se supieron por la institución y muchos pacientes rogaban a los doctores que los transfirieran para que Susana los tratara. Pero ella, cuyo trabajo era voluntario, como joven mujer que empieza a vivir de manera independiente, tenía dos empleos. En las mañanas trabajaba como conserje en un jardín de niños y en las noches como mesera. A pesar de su gran deseo de tratar a todos los adictos en recuperación que le fuera posible, sabía que sus horarios y la necesidad de ganar dinero para mantenerse no le permitían más horas de trabajo. Decidió tomar sólo un paciente más.

Cuando pidió al director de la institución que le refiriera otro paciente, él compartió su indecisión. De una lista de once ex adictos, tenía que excluir a seis y no podía elegir entre los otros cinco. Le explicó que no tenía más alternativa que dejarla decidir, pues sólo ella sabía a cuál de los pacientes beneficiaría más la terapia. Pero paralelamente, el director le dejó claro que hasta que hubiera elegido al paciente, entrevistado y aceptado, habría confidencialidad médica y no podía darle detalles personales más profundos sobre el paciente.

Susana no estaba segura de lo que haría. La información que el director de la institución le había dado de los pacientes no le ayudaba para elegir a uno. Todos necesitaban el tratamiento en igual nivel. Compartió su indecisión con su maestra. Ella, que había incursionado en amplias áreas del misticismo y la medicina holística durante años, la invitó a su casa y le pidió que escribiera en una hoja los nombres de los cinco adictos en recuperación. La maestra sacó su péndulo y empezó a pasarlo sobre los nombres. En cada nombre preguntaba: "¿Es la persona más adecuada para que Susana la trate con reflexología?". Tres pacientes quedaron eliminados de la selección de inmediato, pues el péndulo hizo un claro movimiento de "no" con respecto a ellos.

La maestra pidió a Susana que volviera a escribir el nombre de los dos ex adictos a los que el péndulo respondió afirmativamente y volvió a pasar el péndulo sobre sus nombres repitiendo la pregunta: "¿Este paciente es el más indicado para que Susana le dé tratamientos de reflexología?". Una vez más, ambos pacientes obtuvieron una respuesta afirmativa, pero la diferencia de movimientos del péndulo entre el primero y el segundo fue obvia.

En el primer nombre, el movimiento fue claro, suave, circular y en el sentido de las manecillas del reloj, el diámetro del círculo fue particularmente grande y el péndulo se movió más o menos rápido. En el nombre del segundo paciente, el movimiento fue un poco dudoso, menos suave y su diámetro era mucho menor.

La maestra dijo a Susana que el primer paciente era el más adecuado para el tratamiento. Le explicó que hay criterios importantes para el tratamiento que ninguna información por escrito le brindaría y que el primero es la compatibilidad entre ella como terapeuta y el paciente. Era importante que éste pudiera confiar en Susana, se abriera con ella y se sintiera libre, y no era menos importante que el paciente tuviera un deseo genuino y sincero de rehabilitarse e insistiera en el tratamiento.

La importancia de la compatibilidad de energías entre ellos era mucha y usando el péndulo era la única manera de saberlo por adelantado. Susana lo comprendió muy bien, pues pasó mucho tiempo para que lograra que sus primeros tres pacientes confiaran en ella y más de una vez llegaron tarde a sus primeras sesiones y a veces ni siquiera se presentaban. Sabía que un paciente que pudiera relajarse se beneficiaría enormemente con el tratamiento y el trabajo con él sería más fácil y rápido.

Susana informó al director su decisión. En unas cuantas sesiones le quedó muy claro de manera excepcional que la elección fue la correcta. Se trataba de un paciente joven, muy interesado en rehabilitar su vida. Después de la primera sesión, confiaba plenamente en Susana y le contó la historia de su vida. Resultó ser uno de sus pacientes más perseverantes y el tratamiento tuvo más éxito de lo que había soñado. El joven paciente, emocionado por el éxito del tratamiento y del gran alivio que le había brindado, desde el punto de vista mental como del físico, se interesó en saber cada vez más sobre las diversas áreas de la medicina holística.

Susana le recomendó libros sobre autoconciencia que rápidamente se convirtieron en parte integral de su vida, acelerando su rehabilitación, ayudándolo a comprender mejor su vida pasada y a saltar los obstáculos del presente. Después de una serie de tratamientos, el paciente decidió tomar una drástica medida en cuanto a su rehabilitación y estudiar reflexología.

Años después, Susana se lo encontró en una conferencia de reflexología. Nadie habría reconocido en él al joven delgado, descuidado y confundido que ella conoció. Nadie se imagina que este hombre, ahora casado y con familia, estuvo atrapado en la pesadilla de la adicción a las drogas.

12

Usando el péndulo en la casa

A pesar de que es una herramienta fundamental y cara en descubrimientos importantes en los planos físico, mental y espiritual, no hay nada que le impida usar al péndulo como instrumento en la vida diaria. Puede utilizarse constantemente en la casa dándole muchos usos, desde elegir el papel tapiz de la sala hasta identificar un problema en las mascotas o plantas interiores o localizar objetos perdidos.

Algunos terapeutas, que usan el péndulo para localizar y tratar bloqueos, prefieren tener dos o más. Uno para los tratamientos y el otro para propósitos más mundanos. Pero por otra parte, muchos prefieren usar su péndulo personal cuando sea necesario. Haga lo que considere mejor.

La mudanza a una casa nueva

Todos aspiramos a vivir en un lugar donde la energía general sea positiva. Ésta depende de muchos factores: El ambiente residencial, que abarca las energías de la misma área, la de los vecinos y la de la gente del lugar; así como la energía de la tierra en la que se construyó la casa —hay zonas en las que la energía de la tierra es negativa, lo que tiene un grave impacto en las personas que la habitan. Esta energía proviene del tipo de tierra en sí y de acontecimientos históricos, a veces desconocidos, que tuvieron lugar en el pasado. Por supuesto, la energía de la casa en sí es la más importante.

Cuando vaya a comprar una casa nueva o a rentar un departamento, use el péndulo para tomar tan importante decisión. Úselo en todas las etapas de decisión pues le dará información invaluable.

Por lo general, la primera etapa es elegir la ciudad o área en la que le interesa comprar, construir o rentar una casa. Necesitará verificar si realmente la energía del lugar seleccionado es armoniosa y apropiada para usted. Esta técnica es sencilla, pero requiere de concentración. Declare su objetivo, haga las preguntas de inicio y libérese de opiniones, ideas y emociones. Respire lenta, suave y profundamente. Coloque en la línea de su visión, la hoja donde está escrita el área en la que planea vivir y concéntrese en el nombre. Un nombre, en general, es una forma de conexión y canal para las energías de la cosa que define. El nombre del lugar le ayudará a "sintonizarse" con sus energías. Tómese un poco de tiempo para ponerse en sintonía con el sitio. Ahora coloque el péndulo sobre el nombre del lugar y pregunte: "¿Cuán armoniosa será la conexión entre mi energía [o la de la persona por la que está haciendo la verificación] y la de este lugar desde el punto de vista de una vida buena, una salud buena y éxito?".

Observe los movimientos del péndulo. Entre más fuerte sea el movimiento, más armoniosa será la conexión entre usted y el sitio. El movimiento negativo indica falta de armonía.

Si incursiona en una profesión o un campo en particular en el que el lugar es muy significativo (muchos artistas y los terapeutas lo consideran importante), pregunte: "¿Cuán armonioso y benéfico es este lugar para mi creatividad?" [o cualquier ocupación]. Observe los movimientos del péndulo.

Después de elegir el área en la que le gustaría vivir, escoja la casa que fungirá como su residencia. Lleve con usted el péndulo a todas las casas que vaya a ver y pregunte: "¿Esta casa es armoniosa y adecuada para mí?". Si la respuesta es inconclusa cuando esté en una de las habitaciones, repítala en otro cuarto o afuera de la casa. En cualquier caso, es preferible hacer la pregunta en diferentes lugares del inmueble porque quizá ciertas energías que hay en la casa afectan la exactitud de las respuestas.

Si debe seleccionar un terreno para construir, pregunte: "¿Este pedazo de tierra es armonioso y adecuado para construir mi casa"? [o la de la persona a quien le realiza la verificación].

Una vez que encontró la casa adecuada, deberá revisar si la energía de las habitaciones sí es adecuada para usted, limpia y pura. Esto es de vital importancia. Muchas veces la gente vive en una casa donde hubo peleas, se emitió energía de ira y pesar u otras energías negativas. Esta gente se ve afectada por las energías presentes en la casa y experimenta sentimientos desagradables y cambios en su estado de ánimo o incluso en el curso mismo de su vida, sin entender que la energía de la casa es lo que les afecta.

A veces, una energía en particular no positiva y que no es buena para la persona que está cambiándose a esa casa, le produce desequilibrios. Estas condiciones pueden mejorarse y las energías presentes en una casa se limpian y equilibran. Cuando vaya a vivir en una casa nueva adecuada para usted en muchos aspectos, asegúrese de revisar la energía de todos los lugares de la misma. Debe hacer esta revisión cuando esté tranquilo, a gusto y resultará mejor si se libera de toda opinión, emoción y pensamiento para evitar que sus sentimientos influyan en las vibraciones del péndulo. Después de establecer su objetivo y hacer las preguntas de inicio, vaya a la habitación que quiere verificar, tome el péndulo y diga: "¿La energía de esta habitación es buena para mí?". Si la respuesta es negativa, deberá purificar el cuarto de las energías presentes. Para hacerlo, primero limpie a conciencia las habitaciones de la casa.

Después de la limpieza común, enjuague la casa con agua de mar o agua salada, pues tiene propiedades purificadoras. Después de limpiar la casa y sus alrededores, use varios instrumentos de purificación de energía.

Puede recurrir al incienso —incienso y salvia son buenos purificadores; se recomienda pasear por la casa con el incienso entrecruzando las habitaciones. Aceites aromáticos purificadores (como el de enebro, eucalipto, incienso, etc.) o esencias purificadoras de flores de Bach (como agrimonia y manzana silvestre —unas cuantas gotas en un difusor con agua y una vela en la parte de abajo) son buenos.

También puede usar cuarzos o "bakhour" luminoso (es una mezcla de especias del Medio Oriente que se consiguen en diferentes mercados y se utiliza para deshacerse del "mal de ojo" y limpia las energías. El "bakhour" se coloca en una sartén caliente o una cuchara larga que se pone al fuego hasta que despide vapor. Se pasa por toda la casa. Los lugares en los que el humo se junta a veces requieren de una limpieza más enérgica).

También use el péndulo para elegir el método de limpieza más apropiado, el tipo de incienso, el aceite esencial adecuado o los cuarzos.

Estos métodos de purificación son extremadamente importantes incluso después de mudarse a la casa en la que pasará su vida. Es bueno que de vez en cuando revise las energías de las diferentes habitaciones con el péndulo y las limpie de ser necesario. Esta verificación es fundamental, en especial después de que una persona con carga de energía negativa, o "escurridora de energía", haya visitado su casa, o después de discusiones, desacuerdos u otras situaciones que produzcan una alteración en el equilibrio del inmueble. Recurra a los espirales y las técnicas de Feng Shui para crear armonía en su hogar. La siguiente historia es un ejemplo de la importancia que tiene seleccionar el área residencial y la casa en sí.

Desde temprana edad Viviana, una joven estudiante de medicina, ha vivido en departamentos rentados. Muchas veces se ha "quemado". Después de vivir en tres diferentes lugares y encontrarse con caseros que al principio son muy agradables para luego mostrarse desconsiderados y descaradamente desagradables, y después de muchos roces con los vecinos sobre todo por su perro grande, de quien no se separa por nada en el mundo, creyó que la mala suerte la perseguía al elegir una casa. Por naturaleza, tiene un gran vigor y es una muchacha muy amable que se lleva de maravilla con la gente.

En su último departamento rentado, las cosas llegaron al límite. Dos meses después de firmar el contrato de renta, tuvo graves problemas con las tuberías, el sistema eléctrico y el suministro de gas. El baño y los lavabos siempre estaban tapados y el casero, que pareció agradable y comprensivo cuando le rentó el departamento, se volvió egoísta e indiferente. Le dejó en claro que no le interesaba en lo más mínimo lo que sucedía en el departamento.

Además de todos esos graves problemas, que tuvo que enfrentar con muchas dificultades y dinero, también se dio cuenta que los vecinos que vivían abajo de ella, así como los que vivían en las casas vecinas al edificio y enfrente, odiaban a los perros y continuamente la acosaban y por cualquier suciedad o destrozo sucedido en el patio culpaban a su perro. Pero lo peor de todo fue cuando creyó que su buena suerte había desaparecido.

Nunca había padecido debilidad o depresión y poco tiempo después de mudarse al departamento, empezó a sentir una angustiante debilidad, inexplicable melancolía y no tenía energía. Su situación financiera también se deterioraba de manera alarmante, pues después de ganar buen dinero dando clases particulares, descubrió que ya casi no tenía alumnos. La situación era terrible y el casero se negaba a ser flexible; al contrario, la amenazaba diciéndole que si no pagaba la renta el día que debía, no se tentaría el corazón para echarla. Aunque no es de las que se compadecen, su optimismo natural empezó a desaparecer. Compartió su frustración con una compañera de la escuela. La amiga, que además de estudiar medicina investigaba los usos médicos del péndulo, se ofreció a visitar el departamento y revisar el estado de la energía.

Aun en el exterior del edificio, la amiga sintió a través de su desarrollada intuición que la energía de la zona de la casa era negativa. Cuando entró al departamento, rápidamente sacó su péndulo. Se paseó por el inmueble revisando la energía. Los movimientos negativos del péndulo eran tan fuertes que sugirió a Viviana que dejara el departamento a la brevedad posible y que antes de que lo hiciera, cambiara la ubicación de la recámara porque la mayoría de las energías negativas estaban en la habitación que eligió como alcoba. Esas energías hacían que Viviana estuviera nerviosa, cansada y débil.

La muchacha siguió el consejo de su amiga. Cuando decidió cambiar de departamento, la consultó. Había varias posibilidades adecuadas a su bolsillo y estaban cerca de la universidad. Uno de los departamentos estaba en una colonia considerada mala, pues tenía fama de estar llena de criminales y adictos. De todos los lugares, el péndulo indicó que ése era el ideal desde todos los puntos de vista para que Viviana viviera. Ésta decidió ir a ver el sitio y pidió a su amiga que la acompañara, con el péndulo. Cuando llegó al departamento, el casero sintió curiosidad por lo que hacían y se mostró muy abierto ante el uso del péndulo. Se pasearon por el inmueble, revisando la energía de los cuartos. Después de mucho tiempo, descubrieron que el departamento era excelente para Viviana, sólo había que purificarlo.

Una vez que Viviana limpió la casa con incienso y se cambió, descubrió que estaba rodeada de vecinos maravillosos. La anciana vecina que vivía del otro lado de la calle se sentaba horas en el jardín y cuidaba, alimentaba y consentía al perro de Viviana. Su vecino de al lado, que era el casero, resultó ser una persona amable y generosa que ayudaba a la muchacha cuando había problemas o quería hacer reparaciones al departamento. Aunque éste era chico y sencillo, Viviana decía que era "su palacio". Vivió muchos años en él y cuando pudo comprarlo, el casero se lo vendió a muy buen precio.

Localizando objetos perdidos

Hasta las personas más organizadas a veces se encuentran en la frustrante situación de que cuando necesitan un objeto —las llaves del auto, la lista del super, el cuaderno de matemáticas del niño o la extensión— éste ha desaparecido como si la tierra se lo hubiera tragado. Están seguras de haberlo puesto allí, en ese preciso lugar, pero ni rastro de él. Mucha gente echa la culpa a los habitantes de la casa, regañan al niño por no poner las cosas en su lugar o ponen de cabeza el lugar, generalmente sin ningún éxito. Para empeorar las cosas, a veces después de darse por vencidas en la búsqueda del objeto, éste aparece de repente en el lugar menos esperado o, para su mayor enojo, frente a su nariz.

Usando el péndulo, encontrará el objeto fácil y rápido. Este método es muy sencillo. Si tiene buena capacidad para visualizar, imagine frente a usted el objeto perdido. Tome el péndulo y párese de preferencia en una de las partes centrales de la casa que lleve al resto de las habitaciones. Agarre el péndulo y pregunte: "¿El objeto perdido [diga el nombre de éste] está en la recámara?" "¿El objeto perdido está en el cuarto de los niños?" y así sucesivamente. Cuando reciba la respuesta afirmativa por parte del péndulo con respecto a una de las habitaciones, vaya y párese en el centro de ella, viendo hacia una sola dirección, tome el péndulo y pregunte: "¿El objeto perdido está en esa dirección?". Dé un giro de 360° hasta que el péndulo responda afirmativamente. Fíjese en dónde está parado y diríjase a una esquina de la habitación. Repita el proceso. El punto donde las dos líneas se unen es donde debe buscar el objeto. Es sorprendente la facilidad y rapidez con que se encuentran las cosas.

El cuidado de las plantas

Los jardineros profesionales, los aficionados e incluso la gente que no considera la jardinería como uno de sus pasatiempos, disfrutan llenando sus casas y jardines con gran variedad de plantas. Pero todos saben que sin el cuidado adecuado, incluso la planta más fuerte y robusta se marchita. Si está acostumbrado a usar el péndulo, puede ahorrarse mucho tiempo buscando libros de jardinería profesional, así como muchas desilusiones. Como cuerpos orgánicos, las plantas son buenas para permitir que el péndulo conozca su carácter y sus necesidades. Si desea tener un jardín precioso o una casa llena de plantas y vida, empiece a usar el péndulo aun estando en el vivero.

Aunque compre plantas de semillero, plantas en maceta o semillas en un vivero bueno y famoso, los empleados no siempre saben las condiciones exactas en que debe estar la planta que quiere comprar. Uno de los problemas de comprar plantas es que pueden verse sanas y frescas, pero después de unos días en casa, resulta que están débiles o enfermas. A veces la planta está débil desde antes de que la compre y otras el ambiente inapropiado o el mal cuidado producen este infortunado estado.

Cuando vaya al vivero a elegir plantas para su casa o jardín, lleve el péndulo. Una vez que vea la planta que quiere comprar, coloque el péndulo sobre ella y pregunte: "¿Esta planta está sana y fuerte?" (Si tiene experiencia con el péndulo, concéntrese en las preguntas sin decirlas en voz alta). Si el péndulo da una respuesta afirmativa, la planta está sana. Si no, pase a la siguiente. Si tiene la bendición de poseer fuertes capacidades de visualización, pase a la siguiente etapa, lo que le ahorrará muchos problemas. Ponga el péndulo sobre la planta elegida y visualice los alrededores en los que la plantará o colocará. Cuando la imagen venga a su mente, pregunte: "¿Esta planta es adecuada para el área en la que quiero ponerla?". Quizá tenga que cambiar la ubicación deseada para la planta o escoger otra, si insiste en ese lugar. Si va a comprar fertilizante y tierra en el vivero, verifique la compatibilidad con la planta que adquirió o con las que tenga en su casa o jardín.

Después de comprar la planta deseada, asegúrese de ponerla en el lugar adecuado con respecto a luz, sol, temperatura, fertilizante, cantidad correcta de agua para ese tipo de planta, etc. Use el péndulo para comprobar toda esa información. Éste le ayudará a encontrar los lugares exactos para colocar la planta (use la técnica del círculo de 360° antes descrita) o párese en el sitio en el que quiere ponerla o plantarla. También use el péndulo para revisar cuánta agua y luz necesita la planta, etc.

Si cuida sus plantas utilizando remedios de flores de Bach o riega algunas de ellas con agua en la que han estado inmersas cuarzos o piedras preciosas, recurra al péndulo para verificar qué remedios y cuarzos son los adecuados para dicha planta. Debido a la maravillosa capacidad de las plantas para conectarse con el ambiente, podemos saber con facilidad, usando el péndulo, si las plantas se sienten bien o mal.

El método es muy sencillo. Coloque el péndulo sobre la planta. Si gira en dirección afirmativa, la planta se siente bien. Si el movimiento es negativo, úselo para descubrir el porqué del sentimiento negativo de la planta.

Esta revisión es importante, pues demuestra la existencia de un problema mucho antes de que éste se manifieste en apariencia. Igual que los seres humanos, que nos sentimos mal por lo general antes de la aparición de una enfermedad incipiente.

El péndulo y los animales

Elegir un animal es como escoger un amigo para siempre. La fidelidad de los perros y los gatos, por ejemplo, que viven en un ambiente cariñoso y de cuidados en el que disfrutan del respeto y afecto de sus dueños, es sorprendente y conmovedora y a veces casi incomprensible para los seres humanos. Los animales bien cuidados tienden a crear con sus dueños lazos de amor incondicional. Muchos incluso desarrollan un excepcional tipo de comunicación telepática con sus dueños y les afectan sus emociones y estados de ánimo.

Aunque decimos que la persona responsable de cierto animal es su "dueño", como el "dueño" del perro o el "dueño" del gato, debemos estar muy conscientes de que el animal no nos pertenece. Desde el momento que decidimos llevarlo a casa, somos responsables de su alimentación, salud y bienestar, pero nunca jamás será "nuestro", sólo es una criatura del universo que elegimos como compañero y amigo. No es un "objeto" con el que podemos hacer lo que nos place —ignorar sus sentimientos o incluso pasarlo de persona en persona.

Por lo tanto, la importancia de escoger un animal, cachorro o adulto, es significativa para usted y para él mismo. Mucha gente comete errores y elige un animal cuyo carácter no es adecuado para ella, por ejemplo hay personas tranquilas y hogareñas que se deciden por un cachorro activo y con energía, y otras compran un gato para después de un tiempo darse cuenta que no soportan su carácter único. Lo malo es que gente insensible con frecuencia corre al animal de la casa o lo regala a otra familia, con lo que se da inicio al síndrome de pasarlo de persona en persona provocando que el animal se altere por la rapidez con la que crea lazos hacia la gente y el trauma de sufrir el abandono.

No siempre es fácil descubrir la verdadera naturaleza de un perro o gato cachorros o adultos con observarlos tan sólo unas horas. Y es más difícil saber si su energía combina con la nuestra y si el ambiente en el que vivimos y los demás miembros de la familia son buenos para el animal.

Por lo tanto, cuando vaya a elegir un animal no dude en usar el péndulo. Si quiere conocerlo, siéntese a su lado y pásele el péndulo por encima. Este método es recomendable para cualquier animal. Los peces son muy sensibles a las energías que los rodean y mueren rápido en lugares poco propicios. En general, se descubre que las aves y peces que se adquieren en una tienda de mascotas, en pocos días, padecen enfermedades que una persona inexperta no advierte.

Cuando coloque el péndulo sobre animales, declare su objetivo, haga las preguntas iniciales, respire profunda y tranquilamente y pregunte lo siguiente: "¿Este animal es apropiado para mí?" (Vale la pena hacer esta pregunta de antemano en la casa, si por ejemplo no se decide entre un perro y un gato). Observe el movimiento del péndulo. Si es firme, suave, claro y afirmativo, es señal de que la combinación es excelente. Si el movimiento es negativo, es mejor que no se arriesgue a menos que sienta un cariño extraordinario por el animal, que haya un fuerte e instintivo sentimiento de comunicación entre ustedes y esté dispuesto a hacer un gran esfuerzo para entablar una buena relación con él.

Conozca y reconozca sus limitaciones. Si va a elegir un cachorro de perro o de gato de una camada, pregunte: "¿Este perro/gato es adecuado para mí?". Continúe y diga: "¿El animal está sano?". Si la respuesta es afirmativa, pase a la siguiente pregunta. Concéntrese en su vivienda e imagínesela. Si vive con otros miembros de la familia, también visualícelos. Ahora pregunte: "¿El ambiente en el que vivo (y los otros que viven conmigo) es adecuado para este animal?". Si la respuesta a esta pregunta también es afirmativa, entonces encontró a su fiel y adorada alma gemela. La mejor de las suertes para los dos.

13

Usos avanzados del péndulo

Después del uso prolongado y práctica con el péndulo y de adquirir cierta experiencia manejándolo, abarque otras áreas de su uso para conocer aplicaciones poco comunes. Estos usos son antiguos y obtener experiencia y práctica con ellos lo llevará a descubrir muchos más usos, los cuales también constituyen el conocimiento antiguo que quizá llegue a usted de manera intuitiva si utiliza el péndulo sólo con propósitos positivos y de manera sincera y real.

Mapas de búsqueda

Los mapas de búsqueda son uno de los usos por el que es mejor conocido el péndulo, debido a sus numerosas posibilidades. Tiene diferentes funciones, desde encontrar gente extraviada y descubrir depósitos de recursos naturales hasta usos militares —ubicación de bases militares, submarinos enemigos — y cuando se trabaja con el péndulo a niveles superiores, para encontrar líneas y centros de energía.

Aunque en realidad estamos describiendo algo imperceptible para el ojo y que no se detecta a través de medios convencionales, la técnica en sí es muy sencilla y en la mayoría de los casos funciona muy bien. Ésta se ha usado para encontrar tesoros, agua, depósitos minerales, canteras, lugares ideales para la construcción o vivienda, mascotas perdidas, objetos que se perdieron en un espacio abierto, personas extraviadas y más.

Este método se lleva a cabo en varias etapas. Una vez que se tiene experiencia, se realiza con diversas variaciones y usted determina la técnica que mejor le acomode. Primero, elija el mapa adecuado y colóquelo en una mesa limpia y vacía o en cualquier superficie plana y firme.

Primera etapa

Declare su objetivo, haga las preguntas iniciales y respire varias veces profunda, lenta y suavemente. Coloque el péndulo sobre cada una de las cuatro direcciones del mapa —norte, sur, este y oeste y después en el centro. En cada punto pregunte: "¿Lo que estoy buscando está en esta área/dirección?". Cuando la brújula gire afirmativamente, ésa es la dirección o área general donde se localiza lo que está buscando.

Segunda etapa

Ahora reduzca las posibilidades de la ubicación con el péndulo. La manera más sencilla es hacer preguntas precisas. Ubique las áreas en la dirección o región sobre la que el péndulo se movió afirmativamente y empiece preguntando si lo que busca se encuentra en una determinada ciudad, colonia, calle, esquina, etc. Este método le permite ubicar el objeto con gran precisión.

Pula la técnica como desee y, aunque localizar el objeto o el lugar le tome mucho tiempo al principio, poco a poco encontrará lo que busca con sorprendente rapidez. Encontrará un ejemplo del método de los mapas de búsqueda en esta conmovedora historia del uso del péndulo para localizar a una pequeña niña que se extravió.

Claudia y Leonardo

Claudia y Leonardo llevaron a sus tres hijos a Niza, Francia, a visitar a la familia. Pasaron muy a gusto los días, hasta que sucedió algo que nunca olvidarán. Los familiares los llevaron a un enorme centro comercial. Pasearon entre las tiendas llenas de cosas preciosas, asegurándose de nunca perder de vista a los niños. Los mayores, Raquel de 14 años y Juan de 10, estaban fascinados yendo y viniendo, probándose ropa y comprando, pero ocuparse de su hermana menor, Ana de 4 años, era un verdadero lastre. Ana no dejó de decir que quería ir a casa y jugar, Claudia tuvo que agarrarla de la mano con fuerza para evitar que se fuera y tocara todo lo que veía, ante la mirada de disgusto de los vendedores franceses.

Cuando llegaron al piso donde estaba la ropa, Claudia, Raquel y Ana se dirigieron al departamento de damas, mientras que Leonardo y su anfitrión fueron con Juan al de caballeros. Claudia estaba sorprendida por la abundancia de ropa elegante y relativamente barata, pidió a Raquel que cuidara de Ana mientras iba a los vestidores a probarse la ropa que escogió.

Poco después salió del vestidor y no vio a las niñas. Sin preocuparse, se dirigió confiadamente al departamento de jovencitas pensando en lo impaciente que estaría Raquel. Y por supuesto, allí estaba Raquel parada junto a un montón de faldas concentrada por completo en la elección de una. Pero Ana no estaba con ella. Raquel juró que tan sólo un momento antes estaba parada a su lado. Claudia, que empezó a espantarse, buscó a Ana por todo el departamento, pero no tuvo suerte. En poco tiempo, los varones se unieron a la búsqueda. Revisaron casi todo el piso de ropa, lo que les llevó mucho tiempo, pero no encontraron pistas de la niña. Claudia empezó a perder la calma. Más de una vez había escuchado que los niños que se pierden en los centros comerciales nunca aparecen y que hay bandas en esos lugares cuyo objetivo es secuestrar niños pequeños para venderlos en adopción. Ante sus ojos desfilaron las peores escenas.

Rápidamente se dirigieron a la cabina de información. El personal francés entendía como se sentían y permitieron que Claudia hablara a la niña en español. Los empleados mandaron un mensaje que decía que quien encontrara a la niña debía llevarla a la cabina de información y pidieron a Claudia que esperara mientras Leonardo y el anfitrión continuaban la búsqueda.

Claudia esperó durante cuatro espantosas horas a que alguien encontrara a Ana. Perdió la calma y rompió en llanto, exigiendo a los empleados que siguieran anunciado el extravío de la niña a través del sistema de altavoz. Cuando Leonardo y su primo francés regresaron a la cabina de información con las manos vacías, Claudia pensó que se derrumbaría. El doctor de guardia del centro comercial se vio obligado a darle tranquilizantes y a sentarla para calmarla.

De repente, una mujer llegó a la cabina de información diciendo que era dueña de una tienda de la Nueva Era en el primer piso del centro comercial. Les pidió permiso para intentar descubrir el paradero de Ana usando el péndulo. Claudia y Leonardo, quienes sentían que ya habían agotado las posibilidades, le agradecieron cálidamente y rezando para que encontrara a su hija. La mujer pidió al gerente del centro comercial, que había ido a dar apoyo moral a los señores, le diera un mapa detallado del mismo que incluyera todos los pisos, niveles y tiendas.

La mujer pidió a los empleados de información que despejaran la larga mesa que había en la cabina y desplegó el enorme mapa sobre ella. Sacó un pequeño estuche de tela de su bolsa y de éste tomó un péndulo de cuarzo. Se sentó a la mesa, cerró los ojos y se concentró. Unos segundos después, tomó la cuerda del péndulo y lo colocó sobre la parte del mapa donde aparecía el primer piso. Preguntó: "¿La pequeña Ana está en el primer piso?". El péndulo giró de manera negativa. La mujer siguió revisando el resto de los pisos. Finalmente, en el tercer piso del centro comercial, el péndulo hizo un movimiento afirmativo. Ya sabía en qué piso estaba Ana. Puso el péndulo en una esquina del mapa y preguntó: "¿Ana está en esta dirección?". Siguió preguntando hasta que descubrió que la niña estaba en el lado oeste del tercer piso. Empezó a buscar a la pequeña por departamentos, cuando vio que estaba en la sección de cosméticos del tercer piso, dijo a Leonardo que bajara y buscara a la niña mientras buscaba la tienda exacta cerca de donde estaba la niña.

Leonardo y su primo bajaron de inmediato al tercer piso y empezaron a buscar en la sección de cosméticos. Cuando estaban buscándola, escucharon al empleado de información decir que la niña estaba en tal isla de ese departamento. Los vendedores ayudaron a Leonardo y a su primo y rápidamente los llevaron a la isla donde se suponía que estaba Ana.

Cuando llegaron, buscaron en esa área, pero no había nadie. De repente, oyeron el grito de una de las vendedoras que los había ayudado en la búsqueda. Al lado de la tienda había una larga banca decorativa de piedra rodeada de plantas. La pequeña Ana se había quedado dormida al pie de la banca, y las hojas de un gran helecho la tapaban parcialmente.

El sobresaltado Leonardo la despertó con cuidado, la cargó y se apuró para regresar a donde estaba Claudia, que se volvió loca de alegría. Agradecieron con cariño a la mujer, quien no aceptó recompensa económica por parte de ellos diciendo que la alegría de haber encontrado a la niña era suficiente.

Descubrir datos de una persona con una foto

Durante muchos años, expertos en el péndulo han usado esta técnica especial y produce grandes resultados. Con una foto, un experimentado experto en péndulos descubre muchos datos de las personas —edad, fecha de nacimiento, profesión, creencias, experiencias de vida, situación económica y social, estado civil, etc. El secreto de esta técnica reside en el hecho de que una fotografía sirve como conducto para sintonizarse con la persona retratada.

Aparentemente, la energía no tiene límites de distancia y tiempo y es posible conectarse con las energías de una determinada persona a cualquier distancia, como ocurre, por ejemplo, en las transmisiones telepáticas entre dos personas. Cuando el experto en péndulos se concentra en la foto, en esencia está sintonizándose con las energías de la persona, las cuales se vuelven más fuertes alrededor de la foto a causa de su observación. El proceso de sintonía con un individuo también tiene lugar cuando el experto se imagina la foto de aquél, pero muchos expertos dicen que los resultados de una interpretación con una foto de la persona son mejores, más rápidos y exactos. Hay muchas técnicas para hacer una interpretación usando una foto. A continuación se describe una de las más comunes y prácticas:

Siéntese en una habitación libre de energías de interferencia (como la fuerte energía que emiten los televisores a color y similares). Coloque en una mesa la foto de la persona a quien está haciendo la interpretación. Algunos expertos prefieren escribir el nombre de la persona en la parte superior de la foto y a veces también el de la madre. Declare su objetivo, haga las preguntas de inicio, concéntrese y respire varias veces lenta, profunda y suavemente. Ahora vea la fotografía. Las preguntas deben ser específicas para esa persona y recurrirá a la información presente en la foto (es decir, si la persona es joven empiece preguntando rangos de edad). Coloque el péndulo sobre la foto. Si quiere saber la edad de la persona, por ejemplo, pregunte: "¿El individuo tiene entre 20 y 30 años?" y así sucesivamente hasta que el péndulo responda afirmativamente. Reduzca el rango de edades hasta que llegue a la edad exacta de la persona. Continúe averiguando otros datos a través de preguntas sí/no como: "¿Actualmente está casado?" "¿Es mexicano?" etc. Si el péndulo responde a una pregunta en particular con un movimiento estático o salta, reformúlela. A veces cuando trabajamos con el péndulo de esta manera, se reciben mensajes intuitivos sobre la persona. También verifíquelos con el péndulo.

Transmisión de mensajes telepáticos usando el péndulo

La telepatía es una forma de transmisión no verbal que expresa la capacidad de transmitir pensamientos, emociones y sentimientos entre personas. Su existencia se ha confirmado con numerosos incidentes, algunos documentados. La mayoría de la gente ha experimentado comunicación telepática con sus familiares, buenos amigos o incluso animales. Quizá usted también haya sentido la fuerte urgencia de llamar a un amigo con quien no ha hablado en años, sólo para que éste le diga que en ese momento pensaba llamarle. Estas situaciones son comunes. También hay individuos que transmiten imágenes completas a otras personas a través de la mente. El péndulo es un método que facilita la transmisión de mensajes telepáticos. En esta técnica, necesita colocar frente a usted una foto de la persona a quien quiere mandar un mensaje, concéntrese en la foto y en el mensaje, olvídese de otros pensamientos y coloque el péndulo sobre ella. El movimiento de éste le indicará si se recibió el mensaje, pues entre más fuerte sea, más rápido y amplio será el movimiento del péndulo. Hay quienes aplican esta técnica usando la foto sin el péndulo, pero en muchos experimentos se ha demostrado que éste fortalece las transmisiones telepáticas y ayuda a que tengan éxito.

Ofelia

Ofelia, una joven mujer a cuyo hermano le interesa la parapsicología y usa el péndulo, contó la siguiente historia de su experiencia en transmisión de mensajes telepáticos usando el péndulo.

Ofelia y sus amigas fueron a un festival cultural en otro estado. Planeaban quedarse cuatro días para que les diera tiempo de ver a la mayoría de los exponentes y dormirían en sacos de dormir. La mamá de Ofelia llegaría el cuarto día, el último del festival, y pasaría un tiempo con ellas.

El primer día fue muy divertido, intenso y lleno de sorpresas. Cuando decidieron que ya era hora de descansar, de inmediato cayeron en un profundo sueño, exhaustas por todas las actividades. Al mismo tiema las 4:00 a.m., la madre de Ofelia que iniciaba su noveno mes de embarazo, empezó con los dolores de parto y la llevaron al hospital para que diera a luz. Luis, el hermano de Ofelia, que entonces tenía 24 años, sabía que ésta se entristecería al saber que no había estado con su madre durante el parto para darle la bienvenida al nuevo bebé. No tenía forma de comunicarse con Ofelia, pues ni ella ni sus amigas dieron información precisa sobre el lugar donde estarían. Entendía que debía esperar hasta que su hermana hablara a la casa, pero, como la conocía, sabía que podría pasar feliz los cuatro días sin hacerlo. La única manera de comunicarse con Ofelia era telepáticamente. Decidió utilizar el péndulo.

Cuando sus padres se fueron al hospital, Luis insistió en quedarse en la casa y esperar a que su hermana hablara. Tomó una foto reciente de la muchacha, colocó el péndulo sobre ella y empezó a pedir a Ofelia con la mente que llamara a casa. Para su sorpresa, el péndulo giró con rapidez sobre la foto, produciendo movimientos suaves en el sentido de las manecillas del reloj. Sintió que el mensaje se había transmitido con éxito.

Ofelia se despertó a las 6:00 a.m. sintiendo una inexplicable necesidad de hablar a su casa. Mientras sus amigas seguían durmiendo profundamente, buscó una cabina telefónica. Aunque sabía que a esa hora sus padres seguían dormidos, su necesidad era tan grande que no le importaba despertarlos. Para su sorpresa, levantaron el auricular del otro lado de inmediato y escuchó la emocionada voz de su hermano que le decía del nacimiento. Por supuesto, quedaron de verse en el hospital. Ofelia tomó el primer autobús con dirección al mismo. Después de la emoción inicial del parto, su hermano y ella fueron a la cafetería y él le contó cómo le había "transmitido" su deseo de que llamara a la casa. Ella le dijo que en realidad sintió como si algo la despertara y le hubiera hecho hablar a casa de inmediato.

14

La varita de zahorí

La varita de zahorí es una herramienta antigua conocida en oriente y occidente y su uso ha pasado a través de los años. De hecho, el péndulo como lo conocemos hoy en día proviene de la mezcla poco conocida de varias varitas de zahorí y mucha gente que lo usa también utiliza una o más varitas de zahorí. Existen varios tipos y su uso es muy común cuando se trata de buscar agua, reservas subterráneas de agua, depósitos de petróleo y de minerales, objetos perdidos, personas extraviadas y tesoros enterrados. En un plano superior, las varitas de zahorí se utilizan para detectar el contorno del aura humana y para descubrir si tiene bloqueos o agujeros, así como para encontrar líneas y centros de energía.

Incluso en la Biblia se ve la relación que las varitas de zahorí tienen con los poderes divinos: Los faraones egipcios hicieron milagros con sus varitas, la varita de Moisés se convirtió en serpiente a manos de Aarón, la varita de éste se abrió y además de todo esto, está la famosa historia en la que Moisés partió una roca con su varita. El vínculo entre el agua, un regalo del universo sin el cual el hombre no puede vivir, y la varita de zahorí inició en la antigüedad y continúa hasta nuestros días. Debido a este importante uso de la varita de zahorí, sus usuarios fueron afortunados y tuvieron éxito al usarla incluso durante los peligrosos días de la Alta Edad Media. En esos días de cacería de brujas, cuando cualquier indicio de "brujería" se castigaba con la muerte en la hoguera o una terrible tortura, la Iglesia se hizo de la vista gorda con respecto a lo relacionado con la rabdomancia o "búsqueda", o búsqueda con varita de zahorí como se le llama ahora, y les permitió continuar con sus actividades.

Se crea un lazo interesante entre la persona que maneja la varita de zahorí y ésta y mucha gente conserva una sola varita por el resto de su vida, pues siente que la varita aprendió a comprenderla. Un punto interesante que han descubierto muchas de las personas que trabajan con la varita de zahorí es que cuando existe la necesidad real de operarla, por ejemplo, cuando hay agua almacenada y debe encontrarse un pozo, las varitas trabajan de manera muy suave, rápida y precisa. Por otro lado, cuando se usa para presumir, suelen fallar. Esto es muy común con el péndulo también. De hecho, eso sucede con cualquier cosa espiritual. Los instrumentos tienen un propósito en particular y no es el de alimentar el ego. Por lo tanto, si ha practicado el uso de alguno de estos instrumentos de búsqueda —el péndulo o alguna clase de varita de zahorí— y no puede manejar algún tipo en particular de varita, no se preocupe. Continúe practicando y trabajando con las herramientas de búsqueda que le funcionan y sepa que el día que necesite operar dicho instrumento para un propósito importante, lo sorprenderá y funcionará muy bien.

Tipos de varitas de zahorí

Existen muchos tipos de varitas de zahorí de formas y con propósitos diferentes, pero todas funcionan muy bien ante los mismos objetivos. Se sabe que cierta forma de varita es más conveniente para una persona en particular, mientras que la de otra forma es menos adecuada para ella y tendrá problemas para manejarla. Por lo tanto, vale la pena probar varios tipos de varitas para descubrir cuál es la que mejor nos funciona, es la más cómoda y más suave.

La varita "L"

La varita "L" es una varita en forma de L que se agarra del lado corto. Por lo general se utilizan en pares (dos varitas) —una en cada mano. Para empezar, pueden ser de alambre de cobre o de un alambre grueso y firme moldeado como L.

La varita "L" se agarra como un arma lista para dispararse, asegurándose de que las yemas de los dedos no toquen el lado largo. (Recuerde que se toma del lado corto). Durante la búsqueda, el operador estará concentrado en el objetivo y sus pensamientos serán puros, es decir, no permitirá que otras opiniones y pensamientos influyan en la búsqueda. Si activa sus pensamientos mientras está buscando un tubo subterráneo de agua, una reserva de agua, un mineral u otra cosa, convencido de que debe estar en un lugar en particular, sus pensamientos interferirán en el movimiento de las varitas y el resultado será impreciso. Recuerde que sólo le interesa la verdad.

Algunos operadores tienen el hábito de repetir mantras como: "Estoy buscando el tubo de agua, tubo de agua, tubo de agua, tubo de agua", para no perder la concentración en el objetivo y no permitir que otros pensamientos y opiniones interfieran con la búsqueda y la afecten.

Cuando el operador se para sobre el lugar donde está presente el objeto de su búsqueda, las dos varitas se cruzan (es decir, se unen) o se alejan. En cualquier caso, el movimiento será espontáneo, sin que el operador mueva las muñecas.

Para empezar, busque las tuberías que llevan y alejan el agua de su casa, si sabe dónde inician. Cuando esté parado en el punto en el que las tuberías salen de su casa, tome las varitas "L" como si sujetara una pistola y diga: "Estoy buscando los tubos que llevan el agua a mi casa y pido que las varitas 'L' se crucen cuando los encuentren". Si no lo logra la primera vez, no se dé por vencido. A veces se requiere cierta práctica para manejar estos instrumentos. Pero recuerde, es muy importante que aleje los pensamientos que pudieran afectar su trabajo con las varitas.

La varita "Y" o varita bífida

La forma de ésta es la más famosa de las varitas de zahorí y su uso es el más común. Su forma se parece a la de la letra Y, es decir, dos ramas salen de un tronco. La longitud de ambos brazos debe ser igual, su diámetro igual al de un lápiz y como entre 30 y 45 cms de largo.

La varita "Y" tiene mucho éxito cuando el experto busca cierto punto en el suelo. Por lo general es de madera, algunos creen que los mejores árboles para hacerlas son los manzanos y los sauces. Por otro lado, hay expertos en varitas de zahorí que usan cualquier árbol o incluso una varita "Y" de plástico. En principio, cualquier material duro está bien. Hay operadores que encuentran sus varitas "Y" en el bosque, esperándolos y listas para que las usen, otros las encuentran en la calle, un objeto en forma de Y hecho de plástico u otro material. Por alguna razón, se cree que las varitas que se "encuentran" tienen más suerte y son más fieles a sus operadores. Elija el material que le guste, mientras la forma sea la correcta. Cuando corte la varita "Y", pida permiso al árbol para hacerlo y dé las gracias.

A la Naturaleza le gusta ayudarnos cuando se trata de propósitos positivos, pero no debemos olvidar su generosidad o darla por sentada. Si trabaja con péndulo, úselo para verificar si esa varita es la mejor para usted (antes de cortarla del árbol).

Después de encontrar la varita "Y" adecuada para usted, tómela de los dos brazos y cierre los puños, señalando hacia arriba (es decir, con el dorso de las manos viendo hacia arriba) y los pulgares hacia afuera. El brazo único de la varita hacia afuera y hacia arriba.

Busque la posición adecuada en la que sienta que la varita está totalmente equilibrada. (Hay un punto de balance que es fácil de encontrar). Ésa es la posición de búsqueda de la varita "Y".

La varita inclinada

La varita inclinada tiene forma de caña de pescar invertida —la parte más delgada es para sujetarla y la más gruesa se mueve con libertad. Este instrumento es el menos común de las cuatro herramientas usadas para buscar y detectar cosas: el péndulo, la varita "Y", la varita "L" y la varita inclinada.

Usted mismo puede hacer una varita inclinada con una caña de pescar flexible o una varita larga con una punta delgada que se ensanche en un extremo.

La varita inclinada se toma por la parte delgada con una o ambas manos. Su posición de búsqueda es inmóvil, por lo general su movimiento para "sí" es ascendente/descendente, mientras que si se mueve de lado a lado significa "no". Sin embargo, para estar seguro de los movimientos de su varita inclinada, haga lo siguiente:

Cuando encuentre la rama o caña de pescar que le parezca adecuada, tome el péndulo y declare su intención: "Quiero saber si esta varita es la adecuada para funcionar como varita inclinada". Pregunte si puede hacer esa interrogante, si tiene permiso y si está preparado. Después de obtener respuestas afirmativas, coloque el péndulo sobre la varita y diga: "¿Esta varita es la adecuada para que la use como varita inclinada?". Si la respuesta es afirmativa, úsela. Es importante recordar que si planea cortar la rama de un árbol, lleve a cabo la verificación antes de hacerlo. (Faltar al respeto a la naturaleza y a la Madre Tierra produce malos resultados cuando después le pedimos que nos dé agua, petróleo, minerales o cualquier otra cosa que busquemos con la varita. No debemos ensuciar nuestro propio nido). Cuando cortemos la rama, agradezcamos al árbol por su regalo. (La energía con la que se tomó la varita la afecta, por lo tanto, debe ser pura y llena de gratitud).

Una vez que encuentre la varita adecuada, deberá buscar la posición correcta para sujetarla. Tómela con una mano, con la punta delgada entre los dedos pulgar e índice y el resto un poco hacia adentro o si es más cómodo para usted, tómela con las dos manos con la parte delgada de la varita colocada entre las dos manos cerradas y con los dedos de la mano derecha sobre los de la izquierda y la punta de la varita bajo la mano derecha. Hay quienes cruzan los pulgares sobre las manos cerradas, pero tenga cuidado de no tocar la varita. Los zurdos a veces ponen la mano izquierda abajo de la derecha, pero encuentre la posición que mejor le acomode.

Una vez que tome la varita correctamente y la punta ancha esté de manera horizontal y ligeramente levantada, es tiempo de afinarla. Tome la varita y pida: "Enséñame cuál es tu movimiento 'sí'". Quizá sea vertical, ascendente/descendente o ligeros brinquitos, o movimientos de lado a lado. Cuando encuentre el movimiento "sí", pida a la varita que le enseñe el de "no". (Este movimiento por lo general es de izquierda a derecha o viceversa, igual que cuando movemos la cabeza para decir que no, pero será la varita quien le enseñe sus movimientos). En cualquier caso, uno será ascendente/descendente o viceversa y el contrario será de derecha a izquierda o al revés.

La varita inclinada también se usa para averiguar qué profundidad cavar para encontrar lo que está buscando: agua, petróleo, minerales, canteras, objetos perdidos y demás. Para determinar la profundidad, coloque la varita sobre el lugar donde está ubicado el objeto que está buscando. Dígale que cada movimiento "sí" significan tres, cinco, diez metros, los que quiera. Cuando la varita se mueva, cuente los movimientos que hace, a partir del primero hasta que deje de hacerlo y vuelva a su posición de búsqueda o se mueva negativamente. No cuente los movimientos "no". Multiplique el número de movimientos por el número de metros que eligió. Por ejemplo, si dijo que cada movimiento eran 10 metros y se movió cinco metros, el objeto que busca está a una profundidad de 50 metros de la superficie.

Si quiere conocer la profundidad exacta de la ubicación metro por metro, cambie el código de búsqueda y diga a la varita que cada "sí" significa un metro (o medio metro, como quiera). Cuente el número de "sí" hasta que vuelva a su posición de búsqueda o se mueva negativamente y multiplíquelo por un metro o medio metro, según el código seleccionado, y así sabrá la profundidad exacta del objeto. Incluso, puede buscar centímetro por centímetro usando este método. Lo que debe hacer es volver a afinar la varita cada vez que cambie el código y fíjese en el número de veces que hace el movimiento "sí".

El experto en varitas de zahorí que emplea una o más varitas o el péndulo, usa varias técnicas combinando diferentes niveles de trabajo. En cada uno de ellos, el experto cuenta con diversas técnicas y capacidades específicas. Cuando empiece a trabajar con estos instrumentos, verifique en qué nivel está y poco a poco pase al siguiente, empezando con el inferior, en el cual es posible encontrar algo sólo si el experto está parado exactamente sobre ello, hasta el nivel espiritual más elevado en el que la varita de zahorí funciona para ubicar agujeros o perforaciones en el aura y las líneas de energía en la superficie de la tierra. Quizá encuentre que de manera natural empezará en el nivel más alto, sin embargo, hay expertos que no están preparados para llegar a los niveles de uso más elevados. Conforme incrementan los niveles de conciencia, se descubren nuevas técnicas y se manifiestan otras capacidades.

Primera técnica: Ubicación de objetos y cosas cuando el experto está parado sobre ellas

En esta técnica, el operador del péndulo o la varita de zahorí encuentra objetos, agua o minerales, etc., sólo cuando está parado exactamente sobre el objeto de su búsqueda. Los instrumentos de búsqueda actúan como radar y reciben la frecuencia emitida por la cosa, agua o depósito. Este método es muy sencillo de realizar y no requiere de gran experiencia o conocimiento. Básicamente, se utiliza para verificar y estar seguro de que ése sea el lugar donde debe cavarse, de este modo se evitan esfuerzos inútiles.

Segunda técnica: Localización de objetos y cosas cuando se desconoce su ubicación

En esta técnica, que requiere de un poco más de habilidad, experiencia y conciencia, el experto inicia la búsqueda aunque no sepa la ubicación del objeto que quiere encontrar. Se para en la orilla del área donde está realizando la búsqueda, con el péndulo o varita de zahorí en la mano y pide saber la ubicación del objeto que busca, a la profundidad que haya determinado.

La petición puede hacerse así: "¿Cuál es la dirección correcta que debo de seguir para encontrar un depósito de petróleo en esta región, está a menos de tantos metros de profundidad?". Si usa péndulo, el operador empieza a girar lentamente en un círculo completo y cuando se para en la dirección correcta, el péndulo hace un movimiento afirmativo o deja su posición de búsqueda.

Si se usa la varita "Y", se agarrará en la posición de búsqueda mientras usted se mueve poco a poco en un círculo. Cuando esté en la dirección correcta, la varita "Y" dejará la posición de búsqueda y se moverá de arriba hacia abajo.

Si se trata de la varita "L", el operador, colocará una en la posición de búsqueda (en forma de pistola lista para disparar) y girará en una dirección. La varita "L" se moverá hacia donde está el objeto que busca y se quedará fija en esa dirección, como si la hubieran pegado, aunque usted siga moviéndose. Esta técnica se utiliza cuando no se está parado sobre el objeto, pero se encuentra a una distancia visible o a la que se puede llegar caminando.

Tercera técnica: Mapas de búsqueda

Este método se utiliza cuando el objeto de la búsqueda no se encuentra dentro del rango de visión o a una distancia a la que pueda llegarse caminando. En esta técnica, recurrirá a mapas como objeto de búsqueda, es decir, la zona de búsqueda está marcada en él y debe de ser lo más precisa posible. La búsqueda general puede iniciar en un mapa menos detallado y poco a poco, cuando cuente con puntos de referencia como el país y ciudad donde está lo que busca, cambie a un mapa de la ciudad, después busque la calle y así sucesivamente.

Este método es muy similar al de los mapas de búsqueda del péndulo y sus usos son numerosos. Conforme más practique la técnica, poco a poco le será más fácil y natural y le dará maravillosos y grandes resultados.

La mayoría de los grandes expertos en varitas la utilizan, así como aquellas personas que trabajan para grandes compañías, gobiernos u organizaciones militares.

Cuarta técnica: Método para conectarse con el instrumento de búsqueda

Esta técnica requiere de cierto grado de creencia en los instrumentos de búsqueda y la buena comunicación con ellos; se considera uno de los métodos superiores del uso de estas herramientas. En principio, constituye el verdadero objetivo para el que se crearon estos elementos, elevar el nivel intuitivo del operador a un grado tan alto que ya no necesite el instrumento.

La técnica se atribuye a los pobladores de las culturas del secreto antiguo y espiritualmente avanzadas de la Atlántida y Lemuria. Después de usar uno de los instrumentos de búsqueda durante mucho tiempo —el péndulo, la varita "Y", las varitas "L" o la varita inclinada— podrá realizar la búsqueda sin ellos.

De hecho, el propósito de estos utensilios es servir como mediadores entre los seres humanos y el conocimiento cósmico. Un explicación de ello se encuentra en el capítulo que describe cómo funcionan estos instrumentos (capítulo "¿Cómo funcionan el péndulo y la varita de zahorí?"). Este método se lleva a cabo en las siguientes etapas:

Verificación de habilidad: Siéntese en un lugar donde no haya energías de interferencia, revise que sus brazos y piernas no estén cruzados (siéntese en posición "abierta"), relájese y respire lenta, profunda y suavemente. Pregunte: "¿Puedo trabajar sin instrumentos?". Cálmese, respire profundamente varias veces y cierre los ojos. Imagínese una pantalla o una ventana abierta en la frente entre las cejas (donde se ubica el tercer ojo). Entre a ese lugar y visualice al péndulo o varita de zahorí en su posición de búsqueda (es más fácil ver el péndulo con esta técnica).

Vea si se cambia la posición de búsqueda por un movimiento afirmativo y regrese a la primera. Siga preguntando: "¿Tengo permiso para hacerlo?" "¿Estoy listo?". Si la respuesta a sus preguntas es afirmativa, intente realizar búsquedas o interpretaciones sin los instrumentos. Lo que debe hacer es visualizar de esta manera sus utensilios de búsqueda, declare su objetivo, haga las preguntas iniciales y pida lo que quiera. Verá la respuesta correcta en su ojo de la mente.

Quizá la manera visual no sea la adecuada para usted porque uno de sus otros sentidos está más desarrollado. Si "escucha" o "siente" la respuesta (algunas personas usan el dedo como péndulo y sienten un movimiento interno para "sí" o "no" en el mismo), recurra al sentido apropiado para hacer la búsqueda o interpretación sin instrumentos. Éste es un nivel de uso muy elevado, pero después de la práctica prolongada con utensilios y la buena sintonía con ellos, es muy fácil llegar a él. De hecho, estamos diseñados para ello y somos capaces de obtener las respuestas del péndulo y de las herramientas de búsqueda sin recurrir a ellos porque, como ya se dijo, sólo son mediadores entre nosotros y los Seres Superiores o Conocimiento Cósmico. Si no lo logra, no importa. Siga usando los instrumentos que tiene y de vez en cuando vuelva a probar esta técnica. Seguramente en algún momento tendrá éxito.

Fuentes

Quiero mencionar dos libros con los que aprendí el uso del péndulo:

El poder del péndulo (*Pendulum Power*) —G. Nielsen & J. Polansky (editorial Aquarian)— un libro fundamental que ejerció gran influencia en mis estudios sobre el péndulo. El libro incluye bibliografía detallada.

Búsqueda espiritual (*Spiritual Dowsing*) —Sig Lonegren (editorial Gothic Image)— un libro fundamental en el campo de las varitas. El libro incluye bibliografía detallada.

TÍTULOS DE ESTA COLECCIÓN

Aceites y velas angélicas. *Fils du Bois*
Alma humana
Brujería. *Tamara*
Cómo preparar talismanes. *Nick Farell*
Duendes, gnomos, hadas, trolls... *Varios*
El esplendor de los cristales de cuarzo. *J. Dent*
El evangelio oculto. *Neil Douglas-Klotz*
El libro de los símbolos. *Koch R.*
El oráculo de las runas. *Lawrence Cecil*
El péndulo. Todo acerca de ellos. *Jared O'Keefe*
El tarot. Sus claves y secretos. *Rut-Gar*
El verdadero camino del cristal. *Simon y Sue Lilly*
Elige tu pareja con la astrología. *Amanda Starr*
En busca de la pareja ideal. *Claire Savard*
Gnosticismo. *Stephan A. Hoeller*
Guía completa de la quiromancia. *Batia Shorek*
Jugando con las cartas predices tu futuro. *H. Morag*
Karma, destino y profesión. *Nanette V. Hucknall*
La ciencia y lo sagrado. *Ravi Ravindra*
La esencia curativa de los árboles. *Simon y Sue Lilly*
La fuerza de los talismanes y amuletos. *L. Cecil*
La magia de Isis. *M. Isidora Forrest*
La magia en tus manos. *Brian Snellgrove*
La sibila. Adivinadora de la lotería
La wicca día a día. *Tabatha Jennings*
Las velas y su magia. *Feu du Bois*
Los aromas y su magia. *Fils du Bois*
Los colores y su magia. *Fils du Bois*
Los inciensos y su magia. *Fils du Bois*
Los magnetos. *L. H. Rutiaga*
Los números y su magia. *Martin Ituarte*
Los secretos del péndulo. *Ralph Rutti*
Magia blanca. *Tamara*
Misterios de la Luna. *Jan Brodie*
Mi primer libro de tarot. *Kris Hadar*
Nuestro arco iris... el aura. *L. H. Rutiaga*
Numerología día a día. *Lia Robin*
Recetario mágico. *Marco Antonio Villasana*
Recetas mágicas. *Horacio Polanco*
Símbolos del alma. *Gina Lake*
Todo sobre la wicca del amor. *Tabatha Jennings*
Trabajando con la energía de Merlín. *Geoff Hughes*
Tratado de las artes adivinatorias. *Anthony Tate*
Tu fortuna en una taza de café. *Sophia*
Uso y significado del pentagrama esotérico. *Filius Nemus*
Yi Ching. Ilustrado. *Richard Wilhelm*

Esta obra se imprimió
en los talleres de
IMPRESOS MEGAUNIÓN S.A. DE C.V.
Calle 8 manzana 49 lote 16
Deleg. Iztapalapa C.P. 09920
Col. José Lopéz Portillo
Tel. 5845-6296